Mit freundlicher Empfehlung

Nestlé®
CEREALIEN GmbH

DEUTSCHLAND
GERMANY · ALLEMAGNE

Fotos/Photos/Photographies
Rainer Kiedrowski

Text/Text/Texte
Klaus Viedebantt

RV Verlag

Borkum ist die westlichste aller Ostfriesischen Inseln und der Emsmündung vorgelagert. Auf seinen 31 Quadratkilometern bietet das traditionsreiche Nordseebad 8500 Einwohnern Platz und Zehntausenden von luft- und sonnenhungrigen Gästen ein attraktives Urlaubsdomizil.

Borkum is the most westerly of the East Friesland islands which are situated off the estuary of the river Ems. The 31 square kilometre island, rich in tradition with a population of 8,500, is an attractive holiday resort for thousands of holiday-makers in search of fresh air and sunshine.

Borkum, située face à l'embouchure de l'Ems, est la plus occidentale des îles de Frise orientale. Elle compte 8500 habitants sur une superficie de 31 km^2. Cet endroit de villégiature de longue tradition attire des dizaines de milliers de vacanciers avides d'air frais et de soleil.

Inhalt	Contents	Contenu	Seite/Page/Page

Nichts gegen herrliche Winterwanderungen am Strand von Sylt, Amrum oder St. Peter-Ording, doch im Winter nimmt Schleswig-Holstein die bleierne Farbe der beiden Meere an, die es flankieren. Im Frühling aber blüht es auf wie die Knospen in den Knicks, den allgegenwärtigen Hecken. Im Sommer, wenn es Hunderttausende an Nord- und Ostsee zieht, strahlt die liebliche Seenlandschaft im Landesinneren. Im Herbst entfaltet das Land eine gewaltige Farbenpracht, ehe sich im November die Nebel senken.

Das sind die Stunden der Einheimischen, die bei Grog, Teepunsch und Pharisäer Seemannsgarn spinnen. Es sind Reminiszenzen an vergangene Zeiten, denn „Schleswig-Holstein meerumschlungen" hat mit der „Großen Fahrt" nur noch wenig zu tun, auch wenn der Nord-Ostsee-Kanal der wichtigste Seeweg des Nordens bleibt. Das Land ist das Sprungbrett nach Skandinavien: Travemünde, Kiel und Puttgarden sind die wichtigsten Fährhäfen.

Der Blick gen Norden hat Tradition, die Herzogtümer Schleswig und Holstein hatten stets enge Verbindungen zur dänischen Krone. Allerdings blieben diese nicht immer freundlicher Natur, Kriege waren häufig in dem heute so friedlich wirkenden Land. Zeitweilig diente die Eider als Grenzfluß, und noch heute gibt es eine (mit Sonderrechten bedachte) dänische Minderheit. Deshalb ist Flensburg auch eine fast zweisprachige Gemeinde.

Im Osten bieten tief ins Land reichende Förden sichere Häfen. Kiel ist heute Landeshauptstadt, während das schöne alte Lübeck hinter dem Holstentor zu Zeiten der Hanse die nördlichen Meere beherrschte.

Das Land lebte lange vom Meer, vom Schiffbau, vom internationalen Handel und von der Fischerei. Heute sind das Sorgenkinder: den Werften fehlt es an Aufträgen, der Handel ist in Häfen an der Nordsee oder gar zu den Luftfrachthäfen ins Landesinnere gezogen, und der Fischfang in der Ostsee nimmt ab. Schleswig-Holstein ist Agrar-Land, Industrien haben sich nur zögernd und in geringer Zahl angesiedelt.

Umso wichtiger ist der Fremdenverkehr geworden, ein dank der Seebäder zwischen Helgoland und Fehmarn traditionsreiches Gewerbe. Die „Sommergäste kommen", heißt alljährlich der Schlachtruf – und dann macht die Familie die gute Stube frei für die Pensionsgäste.

There is nothing which can be compared to a stroll in winter on the beach at Sylt, Amrum or St. Peter-Ording. However, in winter Schleswig-Holstein takes on the lead-grey tone of the two seas which surround it.

But in Spring, the buds burst into blossom in the hedges everywhere. In the summer, the long hours of sunshine and the wonderful sea-scapes attract hundreds of thousands of holiday-makers to the north and east coasts. Finally in the autumn, the countryside is transformed into an overpowering display of rich colours.

The local inhabitants reminisce about times past with tales of sea-faring while drinking grog, tea with rum or pharisee. Although Schleswig-Holstein is surrounded by the sea with the important canal which connects the North and Baltic Sea, it seems to have little to do with major world shipping anymore. Nevertheless, this country is still the spring-board to Scandinavia. Travemünde, Kiel and Puttgarden are the most important harbours.

The connections with the north have a long tradition. The dukes of Schleswig and Holstein had always had strong ties to the Danish throne. The river Eider forms part of the border between the most northerly of the German states and Denmark. There is still a Danish minority with special rights, and in the town of Flensburg both languages are spoken.

On the east coast the harbours are relatively far from the sea. Kiel is the main city, whereas the old beautiful city of Lübeck lies behind the Holstentor which used to control the North Sea at the time of the Hanse.

For a long time throughout history up to relatively modern times the region lived from the sea, such as ship-building, international trade and fishing. Nowadays everything is different. There are no more contracts in the ship-building yards, trade has migrated from the ports of the North Sea to the inland airports, and the catch of fish is gradually decreasing in the Baltic Sea. Schleswig-Holstein is now an agricultural area with relatively little industry.

As a result, tourism has become quite important to the region as a whole thanks to the opportunities for swimming between Helgoland and Fehmarn. Every year the same call can be heard, "the summer guests are coming", so clear the family rooms for the holiday-makers.

Rien à redire aux promenades hivernales le long de la plage de Sylt, Amrum ou Sankt Peter-Ording, mais le Schleswig-Holstein se revêt en hiver de la même teinte de plomb que les deux mers qui le bordent. Par contre, au printemps, il s'épanouit comme les bourgeons des buissons qui le recouvrent. En été, lorsque des centaines de milliers de vacanciers viennent au bord de la Mer du Noord ou de la Baltique, l'arrière-pays et ses doux paysages aux nombreux lacs rayonnent. En automne, le Schleswig-Holstein est resplendissant de couleurs et de nuances.

Alors, les gens se rencontrent, pour boire un grog, un "Teepunsch" ou un "Pharisäer" et se raconter des histoires plus ou moins vraies… On échange des témoignages remontant aux temps anciens, car le Schleswig-Holstein, "entouré de mer", n'a plus grand-chose à voir avec les voyages au long cours – même si le canal de Kiel, reliant la Mer du Nord à la Baltique (Nord-Ostsee-Kanal), demeure l'axe maritime le plus important du nord de l'Allemagne. Le Schleswig-Holstein est une porte ouverte vers la Scandinavie: Travemünde, Kiel et Puttgarden sont les principaux points d'attache des ferryboats.

Cette région dirige son regard vers le nord, par tradition, comme le montrent les étroites relations que les duchés de Schleswig et de Holstein ont toujours entretenu avec la couronne danoise. Une rivière, l'Eider, fit temporairement office de frontière, et il existe encore aujourd'hui une minorité danoise en Schleswig-Holstein à laquelle fût accordé un statut particulier. C'est pourquoi Flensburg est une commune pratiquement bilingue.

Les profonds fjords de l'est protègent l'accès aux ports. Kiel est la capitale du Schleswig-Holstein, alors que Lübeck, belle et ancienne cité, régnait à l'époque de la Hanse sur l'ensemble des mers nordiques, de derrière sa porte fortifiée, la Holstentor.

Le Schleswig-Holstein a longtemps vécu de la mer, de la construction navale, du commerce international et de la pêche. Aujourd'hui, ces branches sont la cause de bien des soucis: les chantiers navals manquent de commandes, le commerce s'est établi dans les ports de la Mer du Nord, voire à proximité des aéroports de l'arrière-pays, la pêche dans la Baltique est en déclin. Le Schleswig-Holstein est une région agricole, l'industrie ne s'y est implantée que lentement et en modeste quantité.

Seul le tourisme en a profité; c'est grâce aux stations balnéaires que le succès de cette activité traditionelle s'affirme. "Les estivants arrivent", voila le cri de guerre annuel – et les familles mettent leur salle de séjour à la disposition des pensionnaires.

Schleswig-Holstein

Schleswig-Holstein

Schleswig-Holstein

Kieler Woche.

Kiel Week.

"Semaine de Kiel".

Wo das Land ins Wasser fällt, dort steht der Leuchtturm von Westerhever; das Luftbild zeigt die holsteinische Nordseeküste.

The Westerhever lighthouse marks where the land drops into the sea; the aerial view shows the North Sea coast of Holstein.

Le phare raryé de Westerhever marque la bande côtière. Vue aerienne sur la côte verte de Holstein bordant la Mer du Nord.

Eine höchst dramatische Geschichte hat die Felseninsel Helgoland in der Nordsee hinter sich; der beliebte Ausflugs- und Badeort liegt 70 km vor der Elbmündung.

The history of the rocky island of Helgoland was very dramatic; now it is a favourite day-trip and holiday resort 70 km from the Elbe estuary.

L'île rocheuse d'Helgoland, en mer du Nord, possède une histoire fort dramatique. Station balnéaire fort appréciée, elle se trouve à 70 km de l'embouchure de l'Elbe.

Die Badesaison an der Ostsee ist hier längst vorbei; am berühmten Strand von Travemünde türmen sich in der kalten Jahreszeit mächtige Eisschollen.

The holiday season on the Baltic Sea is long over; during the winter the impressive ice-floes pile up on the famous beach at Travemünde.

La saison estivale, est passée depuis longtemps, au bord de la Baltique; en hiver, d'imposants blocs de glace s'accumulent sur la célèbre plage de Travemünde.

Der 8 km lange, flach abfallende Strand von Grömitz an der Ostsee ist ein wahres Ferienparadies; die Seebrücke führt weit ins Meer hinaus.

The gently sloping 8 km long beach of Grömitz on the Baltic Sea is truly a holiday paradise; the beach goes a long way out to the sea.

La plage de Grömitz longe, uniformément plate, la Baltique sur une étendue de 8 km. Pour les vacanciers, elle est un véritable paradis. La jetée s'avance loin vers la mer.

Beim Glückstädter Fischmarkt bieten die Händler gewiß nicht nur Steinbutt feil. Das malerische Festungsstädtchen liegt am holsteinischen Ufer der Elbe.

At the Glückstädter fish market, the mongers certainly have more to offer than just turbot. The picturesque fortified town is situated on the Holstein estuary of the Elbe.

Les poissonniers de la criée de Glückstadt ne s'en tiennent pas qu'au turbot. Cette pittoresque cité fortifiée est située dans la province du Holstein, au bord de l'Elbe.

Das imposante Rathaus der ehrwürdigen Hansestadt Lübeck geht in seinen ältesten Teilen in das 13. Jahrhundert zurück.

Some of the oldest parts of the city hall of the venerable Hanse city of Lübeck date back to the 13th century.

L'imposant hôtel de ville de Lübeck, ancienne et vénérable cité de la Hanse, remonte en partie au XIIIe siècle.

Der mächtige Bau des Wasserschlosses in Glücksburg an der Flensburger Förde ist der Stammsitz des dänischen Königshauses.

The manor house in Glücksburg on the Flensburger Förde is the ancestral home of the Danish Royal Family.

Bâtiment important, le château de Glücksburg, édifié au millieu d'un étang dans la Flensburger Förde, est l'un des points d'attache de la maison royale du Danemark.

Marineblau ist die Farbe dieser Stadt, grobe Hemden in Blau mit weißen Streifen tragen die Schauerleute im Hafen, teure blaue Anzüge mit weißen Nadelstreifen die Kaufleute. Hanseaten sind sie beide, in gegenseitigem Respekt und in Zuneigung zur Freien und Hansestadt Hamburg verbunden. Deutschlands weltoffenste Stadt war immer nobel und kernig zugleich, fein wie die britischen Vorbilder, handfest, wie man sein muß, wenn man seinen Handel rings um den Globus betreibt.

Rund 800 Jahre ist der Hafen alt, der stets die Geschicke des stolzen Stadtstaats prägte. Er sorgte für den Reichtum, der die prachtvollen Patrizierhäuser entstehen ließ.

Das Talent der Hamburger ist nun wieder gefragt, denn der Hafen verliert an Bedeutung. Nicht daß Hamburg am Hungertuch nagt, es bleibt ein Wirtschaftszentrum ersten Ranges. Die Mineralölbranche ist hier konzentriert, die Nahrungsmittelindustrie ebenso; zukunftsträchtige Bereiche wie Medien, Luftfahrt und Elektronik residieren zwischen Elbe und Alster. Aber die Verlagerung der Wirtschaftskraft in Richtung Süden wird im Rathaus mit gemischten Gefühlen verfolgt.

Das gilt ebenso für den kulturellen Eifer vieler Städte. Hamburg befürchtet, auch hier ins Hintertreffen zu geraten, obwohl es ein breites Angebot an Bühnen, Museen und Konzertsälen hat. Auch die Medienszene sorgt für kulturelle Impulse.

Ein Vorurteil hat die Stadt überzeugend widerlegt: daß man in ihren Mauern nicht gut essen könne. Einst war Hamburg berühmt für seine herzhafte Kost und für sein herbes Bier. Später hieß es, außer Aalsuppe und Labskaus sei im Norden nichts zu erwarten. Von wegen: Heute funkeln mehrere Michelinsterne an Hamburgs gastronomischem Firmament, und die Touristikwerber empfehlen kulinarische Steifzüge durch die City und ihre Passagen.

Erste Empfehlung für Besucher ist aber immer noch eine Hafenrundfahrt durch das Revier der dicken Pötte zwischen dem altehrwürdigen Michel und der modernen Köhlbrandbrücke. Unterwegs spinnt der Hafenführer sein Seemannsgarn, erzählt Schauerdinge von Störtebeker und verteilt tolldreiste Geschichten von der sündigen Meile auf St. Pauli. Er hat, wie jeder seiner Gilde, einen Spitznamen: „He lücht", er lügt.

The colour associated with this city is sea blue: rough shirts with blue and white stripes are worn by the dockers in the harbour whereas the merchants and salesmen have expensive blue suits with white pin-stripes. Both types are Hanseatic and are bound by a mutual respect and the love of the Hanse city. Hamburg was always the key to the world for Germany, and exhibited a combination of being noble and down-to-earth, qualities linking them with the British ideal, seen as a necessity for worldwide trade.

The old harbour is about 800 years old and has always played a key role in the destiny of this city. The magnificent Patrician houses of Hamburg are an indication of the wealth which the harbour brought. The talents of the Hamburg inhabitants are again being challenged, even though the harbour is losing its importance. Hamburg has managed to hold its position as an important economic centre. Petroleum companies are just as well established as the food industry. Other industries which are important for the future of the city and its surroundings are the media, aerospace and electronics situated between the Elbe and the Aster. But the migration of well qualified people to the south of Germany is being observed with mixed feelings from the city hall.

The same also applies for the cultural life of many cities. Hamburg is afraid of falling behind, although there are a wide range of things offered culturally, including theatres, museums and concerts. The media also help to keep the cultural impetous at a certain level.

The city has been able to refute one prejudice, which is that one could not eat very well in Hamburg. Formerly it had a reputation for delicious food and excellent beer. Later it was said that apart from "Aalsuppe" and "Labskaus" one could not expect anything else in the north. Not so! Today there are numerous Michelin stars shining over the gastronomical heavens of Hamburg.

Travel bureaus often recommend the tourist to wander through the city as one can always find something to suit one's particular taste or even delight the palate. The first ritual for any visitor is a trip around the harbour, through the areas of the cargo ships which are docked between the Old Michel and the modern Köhlbrandbrücke. The harbour travel guide will relate his seaman's tales about Störtebeker and the mile of sin in St. Pauli. Like everyone in his guild he has an unforgettable nick-name.

La couleur de Hambourg est le bleu marine, au port, les débardeurs portent d'épaisses vareuses rayées de bleu et de blanc, les hommes d'affaire, des costumes de qualité bleus et finement rayés de blanc. Ils appartiennent, les uns comme les autres, à la Hanse. Ils se respectent mutuellement et partagent une profonde estime pour Hambourg, ville libre de la Hanse. Métropole la plus "internationale" d'Allemagne, elle a toujours été à la fois distinguée et rude, raffinée comme son modèle britannique, robuste, comme il est nécessaire de l'être lorsqu'on réalise ses affaires dans le monde entier.

Le port a environ 800 ans, et il a constamment marqué le destin de cette ville, qui est également un Land. Le port lui apporta la richesse grâce à laquelle fûrent construites de magnifiques maisons de patriciens. Aujourd'hui, Hambourg se voit obligée de faire de nouveau appel à l'ingéniosité de ses habitants, car le port a perdu de son importance. Certes, Hambourg ne meurt pas de faim, elle reste un centre économique de première importance. L'industrie pétrolière et alimentaire s'y concentrent; les médias, les techniques de pointe telles que l'aérospatiale ou l'électronique se sont implantées entre l'Elbe et l'Alster. Mais la mutation du dynamisme économique vers le sud du pays éveille une certaine inquiétude à la mairie de Hambourg.

Cette inquiétude vaut également pour la vie culturelle et le zèle des autres villes allemandes dans ce domaine. Hambourg craint d'y perdre du terrain, malgré l'important programme de ses théâtres, musées et salles de concert, sans oublier ses médias qui lui apportent constamment de nouvelles impulsions culturelles.

Il est un préjugé qu'Hambourg a brillamment réussi à réfuter; le bruit courait autrefois qu'on ne mangeait pas bien dans son enceinte. Il fût un temps où Hambourg était réputée pour sa cuisine relevée et l'amertume de sa bière. Plus tard, on prétendit qu'au nord, il n'y avait rien d'autre à manger que la soupe d'anguilles (Aalsuppe) et le "Labskaus" (sorte de brandade de morue). Racontars: aujourd'hui, le firmament gastronomique hambourgeois arbore plusieurs étoiles dans le guide Michelin, les agences de voyage vantent les mérites de pèlerinages culinaires à travers la ville et ses passages.

Mais le premier conseil à donner au visiteur est d'effectuer un circuit en bateau à travers le port, non seulement pour y admirer d'imposants cargos, mais aussi pour voir l'honorable tour de Saint-Michel et le pont moderne "Köhlbrandbrücke".

Hamburg

Hamburg

Hambourg

Blick auf die Binnenalster.

View of the Binnenalster.

Vue sur le Binnenalster.

Blick auf den Hamburger Hafen und die Stadt, die durch ihn ein Tor zur großen Welt geworden ist. Als offizielles Gründungsdatum des Hafens gilt der 7. Mai 1189, dessen Wiederkehr alljährlich als „Überseetag" gefeiert wird.

A view of the harbour and city of Hamburg, the gateway to the world. The official date for the founding of the harbour is taken as the 7th May 1189 which is celebrated every year as the "Überseetag".

Vue sur Hambourg et son port, grâce auquel la ville entretient d'étroites relations commerciales avec le monde entier. La création du port en 1189 est célébrée chaque année le 7 Mai (Überseetag).

Das Hamburger Rathaus, das 1886-1909 entstand, ist Sitz von Bürgermeister, Senat und Bürgerschaft der Freien und Hansestadt Hamburg.
The Hamburg city hall built between 1886-1909 is the official residence of the mayor, senate and citizens of the Free Hanse city of Hamburg.
L'hôtel de ville d'Hambourg, ancienne cité libre de la Hanse, fut construit entre 1886 et 1909. Il est le siège du maire, du Sénat et du Parlement (Bürgerschaft).

Die Michaelskirche (der „Michel"), das Wahrzeichen Hamburgs, hat zwei verheerende Brände erlebt und wurde jedesmal wiederaufgebaut.
The Michaelskirche (the "Michel") a landmark of Hamburg which suffered two devastating fires and was rebuilt each time.
L'église Saint-Michel ("Michel"), symbole d'Hambourg, a été l'objet de deux incendies ravageurs et fut chaque fois reconstruite.

Das Hamburger Chile-Haus von Fritz Höger (1922-24) ist ein frühes Beispiel moderner Architektur in Deutschland.

The Hamburg "Chile-Haus", built between 1922-24 designed by Fritz Höger, is an early example of modern architecture in Germany.

La maison du Chili (Chile-Haus, 1922-24) de Fritz Höger à Hambourg illustre bien le style architectural moderne allemand.

Im Hanseviertel manifestiert sich die ganze Urbanität und Weltoffenheit der traditionsreichen Stadt an der Elbe.

In the Hanse quarter revealing that big city self awareness and a flair for the international in this city of tradition on the Elbe.

Dans le quartier de la Hanse, c'est la culture urbaine et l'ouverture d'esprit de cette ville pourtant attachée à ses traditions qui se manifestent.

Arbeit in Hamburg: Der Fischmarkt (links) lockt Käufer und zahllose Schaulustige an; vielen Hamburgern gibt die „Speicherstadt" Brot und Lohn.

Work in Hamburg: the fish market (left) is not only an attraction for shoppers but also the curious; the warehouses provide a living for many people.

Travailler à Hambourg: le marché au poisson (à gauche attire acheteurs et curieux; de nombreux hambourgeoi doivent leurs revenus à cette "ville d'entrepôts".

Tradition und Fortschritt: Mathäi-Mahlzeit (links); rechts von oben nach unten: Plastik von H. Moore, Fassade an der Rothenbaumchaussee, Jenisch-Haus.

Tradition and progress: Mathäi-meal (left); a sculpture by Henry Moore (upper right); façade on the Rothenbaumchausee Jenisch-Haus (lower right).

Tradition et progrès: repas de Saint-Mathieu (à gauche); à droite, de haut en bas: sculpture de H. Moore, façade sur la Rothenbaumchaussee, pavillon Jenisch.

Ausgerechnet das kleinste aller Bundesländer ist zweigeteilt: von Bremen zu seinem Vorort Bremerhaven sind es gut dreißig Kilometer. Bremerhaven garantierte den Anschluß an die internationalen Routen der Fracht- wie der Passagierschiffahrt. Das ist nun Nostalgie, der ein Eckchen im Deutschen Schiffahrtsmuseum gewidmet ist. Der Stolz der Bremerhavener erinnert auch an die Tage der Hanse. Das Prachtstück des Museums ist die einzige originale Hansekogge der Welt.

Zu Hansezeiten war jener Streit bereits entschieden, der einen der schönsten Plätze Deutschlands entstehen ließ, den Bremer Marktplatz. Der Dom als Zeichen geistlicher und das Rathaus als Symbol weltlicher Macht prägen sein Bild, aber bereits 1220 hatten die Patrizier und Bürger den Erzbischof gezwungen, seine Zollsperren über die Weser aufzuheben. Der Handel konnte aufblühen. Ausdruck dieser Freiheit war der „Roland", dessen Standbild 1404 errichtet wurde.

Bremen strahlt immer noch gediegenen Wohlstand aus, hat aber seine Sorgen, deren wesentliche Ursache Werftenkrise und unbefriedigender Hafenumschlag sind. Noch ist Bremen die Nummer 1 im Tabakgeschäft. Erfreuliche Daten steuern aber auch die Kaffeeröster und die Bierbrauer bei. Große Hoffnungen verbinden sich mit dem Welraumprojekt des Luft- und Raumfahrtunternehmens.

Doch die Wolken am Wirtschaftshimmel verderben den gar nicht so steifen Bremern ihre Freude an großen und kleinen Festen nicht, sei es ein Bummel durch den Schnoor oder die Böttcherstraße, sei es zum „Freimarkt" im Oktober oder zur „Eiswette" am Dreikönigstag.

Die große Kultur wurde stets nach Kaufmannsart gefördert mit der Pflege von Musik und Malerei, deren bestes Beispiel Worpswede ist. Die Sammelfreude der weltweit tätigen Kaufleute bescherte dem Übersee-Museum seinen stattlichen Besitz, der maritimen Verbundenheit verdankt Bremerhaven das Alfred-Wegener-Institut für Polarforschung, das wie ein Eisbrecher aus Ziegeln ins Stadtbild vorstößt.

This of all the German states, which is the smallest, is divided into two. The distance between Bremen and Bremerhaven is only 30 kilometers. Bremerhaven is the harbour for international cargo and passenger ships. The German Navigation Museum is just one place to be nostalgic. The pride of Bremerhaven recalls the days of the Hanse. The most splendid attraction of the museum is the only surviving original Hansekogga.

During the time of the Hanse there could have been no argument about which was the prettiest market-square of Germany – the Bremer market-square. The power which the church exercised is symbolized by the cathedral, whereas the political power by the city hall. As early as 1220, the patricians and citizens had forced the bishop to lift the trade barriers along the river Weser. After this, trade flourished. The statue of "Roland" errected in 1404 was an expression of the newly found freedom.

Bremen still maintains an air of prosperity although there are problems due to the changing times, especially in the shipyards and dockyards. However, the city is still the main centre of the tobacco industry. For the coffee roasters and beer breweries the picture is quite optimistic and further hopes are focused on the MBB company with the aerospace industry.

The cloudy economic future does not stop the people of Bremen from enjoying various festivals, or shopping through the "Schnoor" of the old part of the city, not forgetting Böttcherstraße, or whether going to the "Freimarkt" in October or the "Eiswette" at Epiphany.

Cultural promotion has always followed commercial principles. The pleasure of collecting by the people who travelled all over the world can be felt in the Übersee Museum which now belongs to the state. The maritime community is indebted to the Alfred-Wegener-Institute for polar research, that itself looks like an icebreaker in the city.

Le plus petit Land d'Allemagne s'offre le luxe d'être partagé en deux: on compte bien une trentaine de kilomètres de Brême à son port, Bremerhaven. Autrefois, Bremerhaven assurait la liaison entre le reste du pays et les lignes internationales des cargos et paquebots. Aujourd'hui, ce n'est plus qu'un souvenir auquel on a consacré un petit coin d'exposition au Musée national de la Marine (Deutsches Schiffahrtsmuseum). La fierté des habitants de Bremerhaven nous rappelle aussi l'époque de la Hanse. La pièce maîtresse du musée est unique au monde: il s'agit d'une "cogghe" hanséatique, navire datant du XIIe siècle.

A l'époque de la Hanse, la place du marché de Brême (Marktplatz), l'une des plus belles d'Allemagne, devait déjà sa création à un célèbre conflit. Car, si, en 1220, la cathédrale, symbole de chrétienté, et l'hôtel de ville, symbole de laïcité, existaient déjà, le commerce n'en était qu'à ses débuts. C'est ainsi que les patriciens et citoyens de la ville obligèrent l'archevêque à abolir les douanes prélevées pour le passage de la Weser. Alors put s'épanouir le commerce. La statue de Roland, qui fut érigée en 1404, incarne cette nouvelle liberté.

A Brême, on ressent aujourd'hui encore la présence d'une certaine opulence; cependant, cette ville a bien des problèmes, dûs en grande partie à la crise qui frappe les chantiers navals et à l'insuffisance des transbordements au port. Brême occupe tout de même la première place dans le commerce du tabac, que suivent le café et la bière, ainsi que, et surtout, les activités de l'entreprise MBB dans le domaine de l'industrie aérospatiale.

Mais ces nuages qui semblent voiler le ciel de Brême n'empêchent certainement pas ses habitants – qui ne sont pas si guindés – de profiter de chaque occasion de se distraire, que ce soit une promenade dans le Schnoor la vieille ville, dans la Böttcherstraße, ou bien un coup d'œil au marché d'octobre (Freimarkt) ou, le jour de l'Épiphanie, à la "Eiswette", au cours de laquelle on contrôle si l'eau de la Weser est gelée.

C'est avec leur application de commerçants que les Brêmois ont depuis toujours encouragé le développement culturel de leur ville, la musique ou la peinture, dont le meilleur exemple est Worpswede (regroupement d'artistes). Collectionneurs passionnés, les marchands, voyageant autour du monde, ont su rapporter de quoi enrichir l'importante propriété du Musée d'Outre-Mer (Überseemuseum); Bremerhaven doit à sa situation maritime l'installation de l'Institut de Recherche polaire Alfred Wegener, institut qui, tel un brise-glace de briques, impose sa silhouette à la physionomie de la ville.

Bremen

Bremen

Brême

Der Roland vor dem Rathaus.

Roland in front of the city hall.

La statue de Roland en face de l'hôtel de ville.

Der Bremer Marktplatz mit Liebfrauenkirche, Rathaus, Dom und Haus der Bürgerschaft ist Mittelpunkt der alten deutschen Hafenstadt.

The market square in Bremen: Our Lady's Church, city hall, cathedral and House of the Citizens are the central attractions of the old German harbour city.

La place du marché de Brême: L'église Notre-Dame, l'hôtel de ville, la cathédrale et le Parlement constituent le centre de la ville portuaire d'Allemagne.

Schifferhaus in Bremens ältestem Wohnquartier, dem Schnoorviertel; hier findet man liebevoll restaurierte Häuser des 16. und 17. Jahrhunderts.

A sailor's house in Bremen in the Schnoorviertel, the oldest quarter; here one can find delightfully restored houses from the 16th and 17th centuries.

Une maison de navigateurs dans le quartier du Schnoor, le plus vieux de Brême. On y découvre des habitations soigneusement restaurées datant du XVIe et XVIIe siècle.

Das Ludwig-Roselius-Haus in der Bremer Böttcherstraße; das schöne Patrizierhaus stammt aus dem 15. Jahrhundert.

The Ludwig-Roselins House in the Bremen Böttcherstraße; this beautiful patrician house originates from the 15th century.

La maison de Ludwig Roselius, dans la Böttcherstraße, à Brême. Cette belle demeure bourgeoise date du XVe siècle.

...iermastbark bei einer Windjammerparade in Bremer-...aven links); Luftbild von Bremerhaven, der rund 60 km ...ördlich von Bremen am Weserufer gelegenen Stadt mit ...nem der bedeutendsten Fischereihäfen Europas, mit ...em Columbus-Center und dem Deutschen Schiffahrts-...useum, das einen eigenen Museumshafen besitzt.

A fourmaster at the Windjammerparade in Bremerhaven (left); aerial view of Bremerhaven which is situated about 60 km to the north of Bremen on the east estuary of the Weser with one of the most important fishing harbours of Europe, the Columbus Centre and the German Maritime Museum which has its own museum harbour.

Quatre-mâts lors d'une présentation de bâteaux à voile à Bremerhaven qui, située à environ 60 km au nord de Brême, sur la rive droite de la Weser, possède l'un des plus importants ports de pêche d'Europe. A cela s'ajoutent le Columbus-Center et le Musée national de la Marine qui a son propre port.

Das weiße Wappen-Roß, 1361 von welfischen Fürsten eingeführt, symbolisiert Niedersachsen als eine geschichtliche Einheit: das zweitgrößte Bundesland entspricht in etwa dem Stammesgebiet der Sachsen. Die Historie ist auch das Band, das dieses von den Dünen Borkums bis auf den 971 Meter hohen Wurmberg im Harz reichende Land verbindet.

Es hält Menschen höchst unterschiedlicher Lebensart zusammen: friesische Fischer, die ihre eigene Sprache pflegen, Heidebewohner, die ihrem von Löns geprägten Bild längst entwachsen sind, Torfstecher, die aus gewaltigen Sümpfen fruchtbares Land machten und sich heute um den Erhalt der Moore sorgen, Forstarbeiter, die das Holz nicht mehr für die Erzgruben im Harz, sondern für Urlauberbungalows schlagen.

Der Fremdenverkehr ist ein wichtiger Erwerbszweig für die Niedersachsen geworden. Die Nordseeküste, die Ostfriesischen Inseln, die Heidepfade um Lüneburg und die Bergwanderwege zwischen Bad Harzburg und Bad Lauterberg zählen zu den beliebtesten Zielen im Inland. „Ferien auf dem Bauernhof" sind eine andere Trumpfkarte beim Werben um die Gunst der Touristen. Wen wundert das? Ist Niedersachsen doch seit alters her ein Bauernland. Die Industrie ist auf wenige Standorte an der Küste, rings um die Hauptstadt Hannover, in der Volkswagenstadt Wolfsburg, bei Braunschweig und Osnabrück konzentriert.

Auf den ersten Blick scheinen die Städte für das am dünnsten besiedelte Bundesland untypisch zu sein, so sehr bestimmen die sattgrünen Landschaften, die bukolischen Flußufer von Elbe, Weser und zahlreichen kleinen Flüssen, Bächen und Kanälen, die ländlichen Vergnügungen wie Hengstparaden, Schützen- und Heidefeste das Bild Niedersachsens.

Doch Niedersachsens Städte sind eher Zentren der höfischen Vergangenheit. Die Herrscher umgaben sich standesgemäß mit Kultur; dem verdankt das Land heute seine Vielfalt an Sammlungen, Theatern, Bibliotheken und Konzertsälen, aber auch seine Lehr- und Forschungsstätten, allen voran die Universität von Göttingen.

A white steed on the coat of arms which dates back to 1361 is a symbol of the unity of Lower Saxony. It is the second largest state of the German Federal Republic. Essentially, history unites this state which stretches from the sand dunes of Borkum to the Wurmberg peak (971 meters) in the Harz mountains. There are of course numerous different regions which still maintain their distinct characteristics. The fishing communities of Friesland for instance have their own language. The inhabitants of the heathland no longer resemble the picture presented by the famous regional author Löns. The peat diggers who turned the vast swamp land into a fertile agricultural region still take care of the moorland, and the foresters no longer fell trees for the ore mines in the Harz, but for holiday bungalows.

Tourism has increased in importance for Lower Saxony in recent years. The North Sea coast, the East Friesen islands, the foot paths across the heathland of Lüneburg and the mountain paths between Bad Harzburg and Bad Lauterberg are just some of the tourist attractions. A favourite, however, is a "holiday on a farm" which has proven to be a real trump-card. After all, Lower Saxony does have a long tradition as an agricultural region.

The industry that there is can be found mainly concentrated around a few towns and cities such as Hanover, Wolfsburg, where V.W. cars are produced, Braunschweig and Osnabrück.

At first sight the towns of the least densely populated state of Germany do not seem to present any typical or characteristic image. The rich green landscape, the estuaries of the Elba, Weser and the numerous small rivers, brooks and canals leave the strongest impression. Typical of Lower Saxony are the stallion parades, marksmanship and other heath festivals.

The cities of Lower Saxony are in reality historical centres of the former royal courts. Thanks to the rulers who were patrons of the arts, the state has a wide variety of collections, numerous theatres, libraries, concert halls and teaching and research centres, the most important being the University of Göttingen.

Le cheval blanc qu'arbore le drapeau de la Basse-Saxe remonte à 1361, aux princes guelfes; il symbolise l'unité historique du Land. La Basse-Saxe, aujourd'hui seconde province allemande par sa superficie, correspond en gros à l'ancien domaine et lieu de résidence des tribus saxes. C'est l'histoire, omniprésente, qui relie les dunes de Borkum au Wurmberg (971 m) dans le Harz.

Les habitants de cette région se caractérisent par leur grande diversité: pêcheurs frisons qui mettent un point d'honneur à entretenir leur patrimoine linguistique, gens de la lande qui ont depuis longtemps échappé à l'image que leur donna jadis Hermann Löns, puiseurs de tourbe qui firent de leurs immenses marais une terre fertile et s'inquiètent aujourd'hui de leur disparition, bûcherons qui n'abattent plus les arbres pour les mines du Harz, mais pour la construction de bungalows à l'intention des vacanciers.

Le tourisme est aujourd'hui une source de revenus importante en Basse-Saxe. La Mer du Nord, les îles de Frise orientale, les chemins de la lande aux alentours de Lunebourg (Lüneburg), les sentiers de randonnée de Bad Harzbourg à Bad Lauterberg comptent parmi les "préférés" des touristes. Un des atouts auxquels on ne peut résister est la formule des "vacances à la ferme". Mais qui est-ce que cela étonne? La Basse-Saxe a toujours été une région rurale. L'industrie ne se concentre que dans quelques villes du bord de la mer, ou bien autour de Hanovre, la capitale, de Wolfsburg, centre de production automobile Volkswagen, de Brunswick (Braunschweig) et Osnabrück.

A première vue, les villes de ce Land, dont la densité de population est la plus basse d'Allemagne, semblent être l'exception; car le vrai visage de la Basse-Saxe, c'est un ensemble de paysages verdoyants, de rives bucoliques le long de l'Elbe, la Weser et d'innombrables rivières, ruisseaux et canaux. Ce sont aussi les défilés à cheval, les concours de tir ou les fêtes pastorales.

Cependant, les villes de Basse-Saxe ont un passé marqué par la vie de la cour. Les souverains s'entouraient volontiers, et conformément à leur rang, de culture. D'où la variété que possède la région en théâtres, bibliothèques, salles de concert, collections ainsi qu'en centres universitaires et de recherche, par exemple Göttingen pour n'en citer que le plus important.

Niedersachsen   Lower-Saxony   Basse-Saxe

rühes Licht auf einer Feuchtwiese in Ostfriesland.   Dawn over a meadow in East Friesland.   Lumière matinale sur un pré en Frise orientale.

Der Große Garten von Herrenhausen (Hannover) umgab einst das durch Bomben zerstörte Schloß; er gilt als die imposanteste barocke Gartenanlage in Deutschland und wird von Skulpturen und Wasserspielen geziert.

The large garden of Herrenhausen, Hannover, with the palace which was once destroyed by bombs. Here one can find the most imposing baroque gardens in Germany decorated with sculptures and fountains.

Le grand jardin d'Herrenhausen avait autrefois pou centre un château, anéanti lors d'un bombardement. C jardin est le plus important ensemble baroque d'A lemagne; il est agrémenté de statues et de jeux d'eau.

In der traditionsreichen Salzstadt Lüneburg gibt es viele idyllische Ecken (links); Burg Dankwarderode und Dom (rechts) prägen das Bild des Burgplatzes zu Braunschweig.

In Lüneburg, a town of tradition, there are numerous idyllic spots (left); Dankwarderode castle and the cathedral (right) dominate the historical Burgplatz at Brunswick.

On découvre à Lunebourg, célèbre pour son gisement de sel, de nombreux endroits charmants (à gauche); château Dankwarderode et la cathédrale (à droite) ornent la place du château à Brunswick.

Apfelernte im Alten Land.
The apple harvest in Alten Land.
La récolte des pommes dans l'Altes Land.

Die stattliche Giebelseite eines Altländer Bauernhofs.
The portly gables of an Alten Land farmhouse.
L'imposante façade d'une ferme de l'Altes Land.

Das Luftbild zeigt die alte Hanse- und Festungsstadt tade an der Schwinge; der Stadtkern wird von maleri- chen Fachwerkhäusern geprägt.

An aerial view of the old fortified Hanse town of Stade on Schwinge; in the town centre there are picturesque half- timbered houses.

Vue aérienne sur Stade an der Schwinge, vieille citadelle et ville de la Hanse; de nombreuses et pittoresques habi- tations à colombages caractérisent son centre-ville.

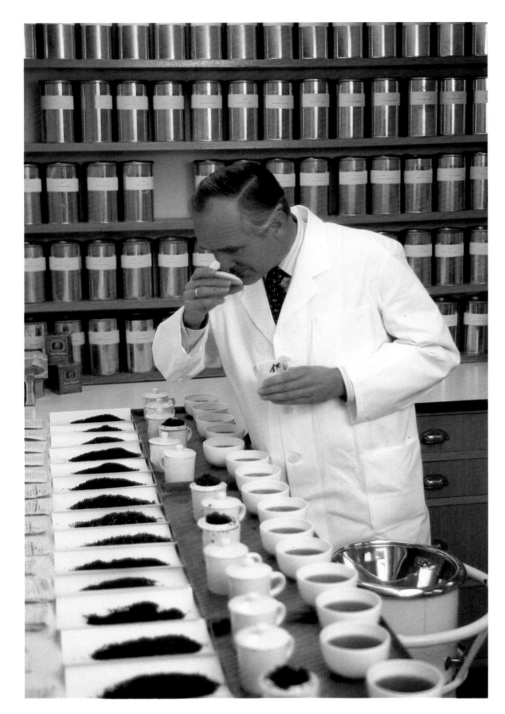

Ostfriesischer Tee hat einen guten Namen; hier der Teeverkoster bei der Arbeit.
Tea has a long tradition in East Friesland; here a tea taster at work.
Le thé de Frise orientale jouit d'une fort bonne réputation; le goûteur au travail.

Von hoher See zurück, flicken die Fischer ihre Netze.
Back from fishing, the fishermen repair their nets.
A leur retour de la pêche en haute mer, les pêcheurs raccommodent leurs filets.

Ein altes Handwerk steht hier noch hoch im Kurs; Korbmacher bei Lütetsburg.
A handicraft with a long tradition which is still popular; basket-makers in Lütetsburg.
Une vieille activité artisanale encore d'actualité: un vannier près de Lütetsbourg.

Wahrzeichen der ostfriesischen Landschaft: Zwillingsmühlen Greetsiel.
A landmark in East Friesland: the twin mills of Greetsiel.
Symboles du paysage frison oriental: les deux moulins de Greetsiel.

Die Lüneburger Heide, wie sie einst Hermann Löns besang.
The Lüneburg heath as it was once in the songs of Hermann Löns.
La lande de Lunebourg, telle que le poète Hermann Löns la chantait autrefois.

Menschen und ihre Feste in der Lüneburger Heide.
The people and their festivals on the Lüneburg heath.
Hommes et fêtes de la lande de Lunebourg.

Tradition wird großgeschrieben: Das Heidhauerfest in Visselhövede.
Tradition is paramount: the Heidhauer festival in Visselhövede.
La tradition a priorité: célébration de la "Heidhauerfest" à Visselhövede.

Heidschnuckenversteigerung, ein Geschäft und ein Volksvergnügen.
Heidschnucken auction, both business and a pleasure for people.
Vente aux enchères d'agneaux: à la fois marché et plaisir populaire.

Café Worpswede, im Volksmund „Café Verrückt", war einst Treffpunkt der Künstler.
Cafe Worpswede, known to the locals as "Crazy Cafe" where artists used to meet.
Le café Worpswede, appelé "café fou", fut le lieu de rendez-vous d'artistes.

„Bronze des Lächelns", Plastik des Architekten und Bildhauers B. Hoetger.
"Bronze des Lächelns", a sculpture by the architect and sculptor B. Hoetger.
"Bronze du Sourire", une oeuvre de l'architecte et sculpteur B. Hoetger.

Im Teufelsmoor bei Osterholz-Scharmbeck begann man schon vor mehr als 250 Jahren mit der Torfgewinnung, indem man Fehn-Kanäle durch das Moor zog.

The digging and collecting of peat goes back more than 250 years on the Teufelsmoor near Osterholz-Scharmbeck where the fenn-canals were dug.

C'est dans le Marais du Diable (Teufelsmoor), près de Osterholz-Scharmbeck, que commença il y a environ 250 ans l'exploitation des tourbières.

Das Finkenmanöver in Hohegeiß zählt zu den besonderen Attraktionen der Region; Hohegeiß ist Teil von Braunlage und ein beliebter Kurort.

"Finch competition" in Hohegeiß is one of the special attractions in the region; Hohegeiß is a part of Braunlage and is a favourite health resort.

La "manoeuvre des pinsons" de Hohegeiß compte parmi les grandes attractions de la région. Hohegeiß fait partie de Braunlage et est une ville thermale appréciée.

Am Goslarer Markt (links) dominiert das gotische Rathaus; die mächtige Kaiserpfalz wurde erstmalig im 11. Jahrhundert erwähnt.

The late gothic town hall dominates the Goslar market (left); the impressive Emperor's Palace at Goslar (right) was named first in the 11th century.

Sur le marché de Goslar (à gauche), c'est l'hôtel de ville gothique tradif qui domine; l'imposant palais impérial (à droite) fut nommé pour la première fois au XIe siècle.

Das Panoramabild oben zeigt einen weiten Blick über den Harz. Das reizvolle Mittelgebirge zwischen Leine- und Saaletal wird durch die innerdeutsche Grenze geteilt. Im Hintergrund der 1142 m hohe Brocken. Der Harz zieht wegen seiner landschaftlichen Schönheit und der heilklimatischen Kurorte viele Besucher an.

The panorama above shows the view over the Harz. The scenic highlands between the Leine and Saale valleys are divided by the East and West German border. In the distance there is the 1142 m high Brocken. Many tourists are attracted to the health resorts of the Harz because of the delightful landscape and pleasant climate.

Cette vue panoramique nous dévoile les vastes paysages du Harz. Ce vieux et joli massif situé entre la vallée de la Leine et de la Saale est traversé par la frontière séparant la RFA de la RDA. A l'arrière-plan, le Brocken et ses 1142 m d'altitude. Le Harz attire, par la beauté de ses sites et ses villes thermales, de nombreux visiteurs.

Am Zusammenfluß der beiden Flüsse Werra und Fulda liegt die kleine Stadt Hannoversch-Münden, die schon im Mittelalter ein bedeutender Handelsplatz war.

The town Hannoversch-Münden on the confluence of the rivers Werra and Fulda has been an important trade centre since the Middle Ages.

Au confluent de la Werra et de la Fulda, on découvre la petite ville de Hannoversch-Münden qui était déjà au Moyen-Age un important centre commercial.

41

Der Grunewald, Krumme Lanke, Schlachtensee, Wannsee, eine Landschaft, die mich schon heute mit sicherem Heimweh erfüllt", so pries Max Frisch das, was den Ku-Damm-Bummlern verborgen bleibt – die weiten, von Seen durchzogenen Wälder. Kaum jemand macht sich eine Vorstellung von der Größe des „grünen Berlins".

Maßstab sind dabei nur die Gewässer im Westen von Berlin, der einzigen Millionenstadt der Welt, die von einer Mauer zerschnitten ist – jenem Grenzwall, der die einstige deutsche Hauptstadt schmerzlich teilt. Der westliche Teil der Stadt hat diese Amputation überlebt und ist heute einer der vitalsten Plätze Deutschlands. Rund zwei Millionen Menschen wohnen hier.

Den Berlinern geht der Ruf voraus, besonders schlagfertig zu sein – eine großstädtische Angewohnheit, gewachsen in mehr als 750 Jahren. Die Kurfürsten Brandenburgs, die preußischen Könige und die deutschen Kaiser bestimmten die Stadt zu ihrem Sitz, unglücklicherweise auch Hitler, was Berlin mit nahezu totaler Zerstörung bezahlen mußte.

Dennoch behielt die Stadt mit dem Bären im Wappen in mancherlei Hinsicht ihre Vorrangstellung. Berlin ist immer noch die größte Industriestadt, Firmen von Weltruf belegen das. Wichtiger vielleicht noch, Berlin hat es verstanden, zukunftsweisende Unternehmen an die Spree zu holen. Die Freie und die Technische Universität führen die Liste der hochkarätigen Lehr- und Forschungsinstitute an, die Berlin den Weg ins nächste Jahrhundert weisen.

Es muß einem nicht mehr bange sein um diese Stadt. Heute ziehen wieder Tausende junger Leute an die Havel. Berlin hat die lebendigste „Szene", vom türkisch-alternativen Kreuzberg bis ins Univiertel im feinen Dahlem, von Kneipen aller Couleur (und ohne Polizeistunde) bis zum schier unübersehbaren kulturellen Angebot.

Zwanzig Bühnen wetteifern allein im Westteil der Stadt um Zuschauer, darunter das Schillertheater, die Deutsche Oper, die Schaubühne und das Theater des Westens. Noch größer ist die Zahl der Museen, vom Ägyptischen Museum, wo sich die Massen vor Nofretete drängen, bis zum kaum bekannten Kriminalmuseum. Berlins weltweit bekannteste Botschafter sind seine Philharmoniker.

The Grunewald, Krumme Lanke, Schlachten lake, Wann lake, a landscape which still makes me feel homesick". This, a landscape praised by Max Frisch, remains hidden from the Ku-Damm walker far away from the lakes in the woods. Hardly anyone can imagine the size of "green" Berlin. The lakes to the west of Berlin give a sense of scale to this city of two million inhabitants, the only city on such a scale in the world which is divided by a wall as a border. The western part of the city has survived this amputation and is now one of the liveliest places of West Germany.

The people of Berlin have a reputation for being fast witted, something which is typical of people from big cities, and especially a city that is 750 years old. The electors of Brandenburg, the Prussian kings and the German Emperor made Berlin their home. Unfortunately, Hitler did too, which resulted in the almost complete destruction of the city.

The city did manage to retain some of its pre-eminence together with the bears on its coat of arms. Berlin is still a major industrial city. Perhaps more important is the fact that Berlin has understood how to attract large companies to settle there. The Free and the Technical Universities lead the list of high-ranking teaching and research institutes which will help pave Berlin's way into the next century.

No one needs to worry any longer in this city. Thousands of young people have moved to Berlin. Contrasting life styles range from the Turkish alternative in Kreuzberg, to the university district in the select Dalem area, or from the pubs and bars of every imaginable shade (without closing times) to the immense and varied cultural programme.

Twenty theatres alone complete for an audience in the western district of the city. This includes the Schillertheater, the Deutscher Oper, the Schaubühne and Theater des Westens. The number of museums is even greater, including the Egyptian Museum where masses of people queue to see "Nofretete", or there is the hardly known Criminal Museum. Of course, one of the main attractions of the city is the Berlin Philharmonic.

La forêt de Grunewald, sa rivière – la "Krumme Lanke" –, les lacs de Schlachtensee et Wannsee composent un paysage qui me remplit aujourd'hui encore de nostalgie", c'est ainsi que Max Frisch fait l'éloge de ce visage berlinois un peu caché – de profondes forêts entrecoupées de lacs – et qu'ignorent les promeneurs du Ku-Damm (Kurfürstendamm, l'artère de Berlin). Il est difficile pour beaucoup de gens de concevoir l'importance du "Berlin vert".

Il n'est pourtant question que des plans d'eau situés à l'ouest de Berlin, la seule ville au monde à être partagée par un mur – mur qui marque d'une cicatrice l'ancienne capitale de l'Allemagne. Berlin – Ouest a survécu à cette amputation et est, de nos jours, l'une des métropoles les plus vivantes du pays. Environ deux millions de personnes l'habitent.

Les Berlinois ont la réputation de posséder un sens particulier de l'à-propos – une vieille coutume de citadins qui mît 750 ans à mûrir. Les princes électeurs de Brandebourg (Brandenburg), les rois de Prusse et les empereurs allemands firent de Berlin leur siège, Hitler malheureusement aussi, ce que la ville paya par sa destruction presque complète.

Berlin, dont les armes représentent un ours, a cependant conservé dans bien des domaines sa place de premier rang. Ville industrielle de poids – ses entreprises à l'ampleur internationale le prouvent –, Berlin a su implanter au bord de la Spree des branches d'avenir – et c'est peut-être celà le plus important. Ses deux universités, libre et technique, s'enorgueillissent d'une liste d'instituts et centres de recherche de haute volée qui indiquent à Berlin son chemin vers le siècle prochain.

Les soucis que le sort de Berlin a pu inspirer n'ont plus de raison d'être. Aujourd'hui, les jeunes gens reviennent par milliers au bord de l'Havel. C'est pourquoi Berlin possède la "scène" la plus vivante qui soit, de Kreuzberg, avec ses habitants turcs et écologistes, au quartier unversitaire du raffiné Dahlem, en passant par les cafés, auberges, restaurants de tout style et l'incontestable variété des programmes culturels.

Vingt théâtres se disputent les faveurs du public ouest berlinois, le Schillertheater par exemple, l'Opéra, la Schaubühne ou bien encore le Théâtre de l'Ouest. Le nombre de musées est encore plus important, du Musée d'Égyptologie où le public se bouscule pour voir Nefertiti, au tout juste célèbre Musée du Crime. Les embassadeurs de Berlin, connus aux quatre coins du monde sont indubitablement les musiciens de l'orchestre philharmonique.

Berlin

Berlin (West)

Berlin (Ouest)

Friedensengel.

Angel of Peace.

L'Ange de la Paix.

Oben: Der legendäre Kurfürstendamm in Berlin mit den Büro- und Geschäftshäusern zu beiden Seiten ist eine der Lebensadern der Stadt. Elegante Läden und Kaufhäuser laden zum Schaufenster- und Einkaufsbummel ein. Im Kranzlereck kann man verweilen, schlemmen und den pulsierenden Verkehr an sich vorüberziehen lassen. In die neue Gedächtniskirche von E. Eiermann ist der Turm der im Krieg zerstörten alten miteinbezogen.

Above: The legendary Kurfürstendamm, one of the main centres in Berlin with offices and business premises. Elegant shops and stores are not only inviting for the window-shopper, but a temptation for a shopping spree. One can linger through the Kranzlereck and feel the pulse of the city. Into new Gedächtniskirche designed by E. Eiermann, the steeple of the old church, which was not totaly destroyed during the war, has been integrated.

Haut: Le légendaire Kurfürstendamm de Berlin, avec ses bureaux et ses magasins des deux côtés, est l'une des artères principales de la ville. D'élégantes boutiques vous incitent au shopping ou à l'achat. Au célèbre coin de chez Kranzler, on peut regarder passer devant soi la circulation trépidante de la ville. Dans l'église Gedächtniskirche de E. Eiermann, on a incorporé la tour de l'ancienne église, détruite pendant la guerre.

Unten: 1987 hatte Berlin einen runden Geburtstag; 750 Jahre besteht die einstige Hauptstadt des Königreichs Preußen und alte Reichshauptstadt. Die Jubiläumsfeierlichkeiten fanden beiderseits der Mauer statt, die immer noch als Beton gewordene Grenze zwischen zwei Machtblöcken und Gesellschaftsordnungen die Stadt durchzieht. Diese Grenze durchlässiger zu machen, ist Aufgabe der Politiker auf beiden Seiten.

Below: Berlin celebrated its 750th anniversary as the former capital of the Prussian Kingdom and the former capital of the German Reich. The jubilee celebrations took place on both sides of the wall which is still not only a concrete border, but has also become a symbol separating two political powers and societies. It is the task of politicians on both sides to open up this border which runs through the middle of the city.

Bas: Berlin a célébré en 1987 un anniversaire rond; l'ancienne capitale du royaume de Prusse et de l'Empire existe depuis 750 ans. Les cérémonies organisées à cette occasion ont eu lieu des deux côtes du "mur" qui, frontière en béton, divise encore la ville en deux blocs politiques, en deux sociétés. Le devoir des représentants politiques, d'une part et d'autre, est de rendre cette frontière un peu plus perméable.

Ein Hauch von Berliner Luft und Leben beim Bummel durch die Stadt an der Spree: Unterhaltung der leichten (oben) und der gehobenen (unten) Art; dazwischen vielleicht ein bißchen Shopping im Eurocenter (Mitte) gefällig oder ein Spaziergang über den Weihnachtsmarkt an der Kaiser-Wilhelm-Gedächtniskirche (rechts).

Wander through Berlin and get a whiff of the city's atmosphere and its life on the river Spree: light entertainment (above) and something more serious (below); and between them perhaps some pleasant shopping in the Eurocentre (middle) or a walk around the Christmas market at the Kaiser-Gedächtniskirche (right).

Une bouffée d'air et de vie berlinois, en flânant dans la ville du bord de la Spree: distractions légères (en haut) et de niveau relevé (en bas); entre-temps, peut-être un peu de shopping à l'Eurocenter (au millieu) ou bien encore une promenade au marché de Noël, près de l'église commémorative (à droite).

Schloß Charlottenburg, der schönste barocke Bau der Stadt mit dem Reiterstandbild des Großen Kurfürsten davor, beherbergt heute Meisterwerke der Malerei des 19. Jahrhunderts. Weitere markante Bauwerke (von oben nach unten): das Internationale Congress-Center, der Reichstag und der Flughafen Tegel.

The palace Charlottenburg, one of the most beautiful baroque buildings of the city with the equestrian statue of the Elector. Today, masterpieces of 19th century painting are housed here. Other important buildings (from top to bottom): the International Congress Centre, the Reichstag and Tegel airport.

Le château de Charlottenburg, le plus joli bâtiment baroque de la ville, et la statue équestre du Grand Élec-teur dans la cour d'honneur. On a rassemblé dans le château des chefs-d'oeuvre de la peinture du XIXe siè-cle. Autres bâtiments importants (du haut en bas): le Palais des Congrès, le Reichstag et l'aéroport de Tegel.

Blick über die Havel, die Berlin durchzieht und sich immer wieder zu ganzen Seen weitet; Frachtweg und Seglerparadies zugleich.

A view over the Havel which flows through Berlin into numerous lakes; this is not only a freight route but also a paradise for sailing.

Vue sur l'Havel qui traverse Berlin et compose ici et là de véritables lacs; il est à la fois route batelière et paradis des voiliers.

Daß Berlin nicht nur aus Häuserzeilen, Geschäftszentren und Industrieanlagen besteht, beweist das malerische Bild vom Tegeler Fließ.

This picturesque scene of the Tegeler Fließ shows that Berlin is not just rows of houses, business premises and factories.

Cette photo représentant la pittoresque rivière de Tegel nous prouve que la ville de Berlin n'est pas seulement composée d'habitations, de centres commerciaux et d'usines.

Im Tegeler Forst wird zum Halali geblasen; auch Jagdfreuden gibt es im Grüngürtel der Stadt an der Spree.

In the Tegel forest the buggles blow as a reminder that hunting is one of the activities in the green-belt of Berlin.

On sonne l'hallali dans la forêt de Tegel; on connaît aussi les joies de la chasse dans l'enceinte de verdure qui entoure Berlin.

Dahlem beherbergt außer den asiatischen Sammlungen auch das Völkerkundemuseum mit Exponaten aus aller Welt.

Besides the Asian collections, Dahlem houses the Ethonological Museum with collected items from all over the world.

Dahlem abrite en ses murs des collections asiatiques ainsi qu'un Musée ethnographique qui possède des objets d'art venant du monde entier.

Glanz am Rhein, Grauschleier über der Ruhr und sattes Grün im Münsterland – das bevölkerungsreichste Land der Bundesrepublik ist auch das kontrastreichste. Düsseldorf, die glitzernde und modebewußte Landeshauptstadt, sucht nicht den Vergleich mit der liebenswerten kleinstädtischen Bundeshauptstadt Bonn, sondern mit Köln, dem religiösen Zentrum seit den Tagen der Römer.

Ein paar Kilometer trennt solche stolzen Städte von der jungen Tristesse des „Reviers". Das Ruhrgebiet war das Manifest der industriellen Revolution, nun, in der elektronischen Revolution, erlebt es mit der Schließung von Kohlezechen und Stahlwerken einen schmerzhaften Prozeß der Anpassung.

Der Grauschleier über dem Ruhrgebiet ist längst ein Symbol, kein klimatisches Ereignis mehr. Der Himmel ist wieder blau über den Schloten, die Landschaft blüht. Die Menschen, die hier leben, können darüber nur gespaltene Freude empfinden angesichts des strukturellen Wandels.

Doch Nordrhein-Westfalen ist mehr als Kohlenpott und Karneval, es ist Kulturland im Herzen Europas. Deshalb waren hier Grenzen nie mehr als Verwaltungsdinge, notwendig, aber von geringer Bedeutung für den Umgang mit den Nachbarn. Aachen, der Sitz des ersten abendländischen Herrschers diesseits der Alpen, ist in mancherlei Hinsicht „europäischer" als Brüssel, und Köln fühlte sich Rom stets näher als Berlin.

Solch großzügiges Denken schafft der Kunst Freiräume. In Köln vibrieren Malerei und Plastik geradezu, die Musikszene ist reich und das literarische Leben auch nach dem Tod von Heinrich Böll nicht verödet. Die Beethovenstadt Bonn ziert sich mit einer Universität, die der alten Residenz würdig ist.

Große Kultur ist städtische Kultur. Und da auch die Großindustrie an der Ruhr schnell zu großstädtischen Formen fand, vergißt man darüber oft, daß dieses Land auch eine Landschaft voller Reiz und Eigenart hat: Intime Dörfer inmitten satter Weiden im Münsterland oder in der platten Weite des Niederrheins. Winterwald im Sauerland oder sommerliche Wanderwege an der Porta Westfalica.

The splendour of River Rhine, a grey haze over the Ruhr area and the luscious green of Münsterland – in short, this is not only the most densely populated area of the Federal Republic of Germany, but also the area of most contrasts. Düsseldorf, the glittering fashionable capital cannot be compared with the lovely small-scale city of Bonn, the capital of the Federal Republic, but with Cologne, the religious centre of the area since Roman times.

Just a few kilometers separate these proud cities from the changing face of the surrounding region. The Ruhr area became important during the industrial revolution. Now, however, during the height of the electronic revolution, it is experiencing the painful process of adjustment with the inevitable closure of coal-mines and steelworks.

The grey haze over the Ruhr area has long been a symbol, and can no longer be attributed to the climate. The sky above the chimney-stacks is blue again, and the countryside full of blossom. The people who live here can perhaps only partly appreciate this, considering the many changes affecting their lives.

North Rhine-Westphalia is certainly more than overgrown pits and Carneval, it is a cultural centre in the heart of Europe. Here, the borders with the neighbouring countries were never more than a part of the administrative authority. Aachen, which was the residence of the first occidental rulers to the north of the Alps, is in many respects more European than Brussels, and Cologne always felt itself to be closer to Rome than to Berlin.

Such attitudes, of course, create the necessary climate for the arts in general. Cologne as a centre for painting and sculpture is also a music centre, and the literary scene is thriving even after the death of Heinrich Böll. Beethoven's birth place, Bonn, is renowned for its university, worthy of the old palace, the „Residenz".

Culture requiring this kind of support is always a part of the life of big cities. Just as the heavy industries of the Ruhr area created large cities, it is easy to forget that this area consists of wonderful countryside. There are small villages surrounded by rich pasture land in Münsterland, or the wide expanses of the Lower-Rhine. The winter-like forest in Sauerland is as enjoyable as the summer hiking routes of the Porta Westfalica.

Le Rhin et sa splendeur, la Ruhr voilée de gris, la campagne verte et généreuse du Münsterland – la province la plus peuplée d'Allemagne Fédérale est aussi la plus riche en contrastes. Düsseldorf, brillante, capitale régionale et de la mode, ne cherche point à être comparée à Bonn, capitale tranquille et provinciale, mais à Cologne, le centre religieux du pays depuis l'occupation romaine.

Quelques kilomètres séparent ces villes ô combien fières de la plus récente tristesse du „bassin". Le bassin de la Ruhr fut le manifeste de la révolution industrielle, aujourd'hui, à l'heure de la révolution électronique, il est confronté, par la fermeture de mines et d'usines métallurgiques, à un douloureux processus d'adaptation.

Le voile gris qui recouvrait le bassin de la Ruhr est devenu depuis longtemps un symbole, il n'est plus un phénomène climatique. Le ciel est redevenu bleu audessus des cheminées, le paysage est en fleur. Les gens qui vivent ici ne s'en réjouissent qu'à demi: les structures changent.

Cependant, la Rhénanie du Nord-Westphalie est plus qu'un gisement houillier ou le carnaval, c'est aussi un potentiel culturel placé au coeur de l'Europe. C'est pourquoi les frontières ici n'ont jamais représenté plus que des formalités administratives, certes nécessaires, mais de peu d'importance dans les relations entretenues avec les voisins. Aix-la-Chapelle, siège du premier empereur occidental au Nord des Alpes, est dans bien des domaines plus „européenne" que Bruxelles, et Cologne s'est toujours sentie plus proche de Rome que de Berlin.

Une telle ouverture d'esprit permet à l'art de s'épanouir librement. Cologne est véritablement vibrante de peinture et de sculpture, son monde musical est riche et sa vie littéraire, même après la mort de Heinrich Böll, ne s'est pas dépeuplée. Bonn, la ville de Beethoven, s'enorgueuillit d'une université digne de la vieille résidence.

La grande culture, c'est la culture urbaine. Et comme l'industrie, elle aussi, a rapidement créé de grandes communautés urbaines dans la Ruhr, on oublie souvent que cette région possède aussi des paysages charmants et caractéristiques: petits villages nichés au creux des riches pâturages du Münsterland ou posés dans la large plaine du Rhin inférieur. Forêts du Sauerland en hiver ou chemins de randonnée de la Porta Westfalica en été.

Nordrhein-Westfalen   North Rhine-Westphalia   Rhénanie du Nord-Westphalie

Morgenstimmung über dem Rhein.   A morning impression on the Rhine.   Impression matinale au bord du Rhin.

Düsseldorf, Rheinufer mit Kniebrücke; die vormalige Residenz der Herzöge von Berg und der Kurfürsten zu Pfalz liegt nicht nur am Rhein, sondern auch an der Düssel, der sie ihren Namen verdankt. Der Regierungssitz von Nordrhein-Westfalen ist ein florierendes Handels- und Industriezentrum und zugleich eine Stadt der Künste, des Theaters und der Mode. Die Altstadt präsentiert sich als ein gemütliches Nebeneinander von Kneipen und Bars.

Düsseldorf, Rhine embankment with Kniebrücke; the residence of the Dukes of Berg and the Electors of Pfalz. The city lies not only on the Rhine, but also on the river Düssel, which it takes its name from.
The administrative centre of North Rhine-Westphalia is a flourishing commercial and industrial centre, and a city of the arts, theatre and fashion. The inner city has a splendid atmosphere with its cosy pubs and bars.

Düsseldorf, les bords du Rhin et le pont coudé (Knie-brücke). Ancienne résidence des comtes de Berg et des princes du Palatinat, Düsseldorf ne se trouve pas seulement sur le Rhin, mais aussi sur la Düssel, à laquelle elle doit son nom. Siège du gouvernement de Rhénanie du Nord-Westphalie, elle est à la fois un centre commercial et industriel florissant, une ville d'art, du théâtre et de la mode. On y découvre une vieille ville agréablement animée.

Messeplatz Düsseldorf; nicht nur leichtgeschürzt, sondern auch angetan mit allem was chic und teuer ist: Mannequins auf der IGEDO.

Messeplatz Düsseldorf; always something exciting, but nevertheless decorated with everything that is chic and expensive: mannequins at the IGEDO.

Düsseldorf, ville de foires; légèrement, élégamment et cher vêtus: les mannequins de l'IGEDO.

Königsallee; ein prachtvolles und höchst attraktives Relikt aus napoleonischer Zeit mit eleganten Geschäften und Straßencafes.

Königsallee; a magnificent and highly attractive relic from napoleonic times with elegant shops and street cafés.

La Königsallee, un héritage de l'époque napoléonienne, somptueux et attrayant avec ses magasins élégants et ses terrasses de cafés.

Kö-Galerie; ein Shopping-Center vom Feinsten ist die Ansammlung von Geschäften und Restaurants in diesem extravaganten Glaskuppelbau.

Kö-Gallery; one of the finest shopping-centres with a variety of shops and restaurants in this extravagant glass-dome building.

La Kö-Galerie; magasins de luxe et restaurants soignés, réunis sous cette extravagante coupole de verre, composent ce centre commercial d'un goût raffiné.

Altstadtszene; nach dem Stadtbummel und am Feierabend sitzt es sich am behaglichsten in einer der vielen Düsseldorfer Altstadtkneipen.

City scene; perhaps after work, or after sauntering through the city, one can sit comfortably on one of the many old Düsseldorf pubs.

Dans la vieille ville; souvent, le soir, après les achats, on aime à s'asseoir dans l'une de ses nombreuses auberges afin d'en savourer l'athmosphère.

Museum Ludwig am Dom; mit dem Wallraf-Richartz-Museum/Museum Ludwig besitzt Köln eine der wertvollsten deutschen Gemäldesammlungen.
The Ludwig Museum next to the cathedral; together with the Wallraf-Richartz Museum with one of the most valuable German painting collections.
Le musée Ludwig am Dom; Cologne possède avec ses musées (Wallraf-Richartz, Ludwig) l'une des plus précieuses collections de tableaux de maîtres.

Kölner Dom, Hauptschiff; seit 1248 im Bau und erst im 19. Jahrhundert vollendet, gehört der Dom zu den wichtigsten Zeugnissen der Gotik.
Cologne Cathedral; one of the most important creations of Gothic architecture. Building began in 1248, and it was not completed until the 19th century.
La cathédrale de Cologne; la nef principale. La construction de la cathédrale fut entreprise en 1248 et ne fut achevée qu'au XIXe siècle.

Köln, Ansicht von der Deutzer Brücke; der Blick fällt auf die Altstadt mit Dom und Rathaus. Die größte Stadt Nordrhein-Westfalens geht auf eine römische Gründung zurück. Sie birgt in ihren Mauern unschätzbare antike Funde und zahlreiche, vor allem romanische Kirchenbauten.

Cologne, in the foreground the Deutzer bridge looking across to the city with the cathedral and city hall. The largest city of North Rhine-Westphalia was founded by the Romans. There are priceless antique objects to be found within the boundary of the city walls and numerous Romanesque churches.

Cologne, vue de la Deutzer Brücke. Notre regard se pose sur la vieille ville. Cologne, dont la fondation remonte aux Romains, est la ville la plus importante de Rhénanie du Nord-Westphalie. Elle a conservé dans ses murs d'inestimables gisements antiques ainsi que de nombreuses églises romanes.

Bonn, Villa Hammerschmidt (links); der Amtssitz des Bundespräsidenten. Das Beethovendenkmal in Bonn (rechts); auf dem Münsterplatz ist der berühmteste aller Bonner verewigt. Sein Geburtshaus steht in der Bonngasse.

Bonn, Villa Hammerschmidt (left); the official residence of the Federal President. The Beethoven Memorial in Bonn (right); a monument in the Münster square immortalizes the most famous person born in Bonn. His birth place can be found in the Bonngasse.

Bonn, la villa Hammerschmidt (à gauche); la résidence présidentielle. Par ce monument erigé à la mémoire de Beethoven sur la Münsterplatz (à droite); Bonn a immortalisé le plus illustre de ses citoyens. La maison natale du célèbre musicien se trouve dans la Bonngasse.

Karl der Große im Rathaus zu Aachen (links); der Begründer des karolingischen Großreichs machte die Kaiserpfalz Aachen zu seiner Residenz. Aachen, Elisenbrunnen (rechts); die alte Krönungsstadt ist nicht nur Sitz einer Technischen Universität, sie besitzt auch berühmte heiße Quellen.

Karl the Great in the city hall of Aachen (left); the founder of the Carlovingian Empire, turned the Kaiserpfalz Aachen into his residence. Aachen, Elisen fountains (right); the old coronation city is not only the home of the technical university, but also has famous thermal springs.

Charlemagne à l'hôtel de ville d'Aix-la-Chapelle (à gauche). Fondateur de l'empire carolingien, il fit de cette cité sa résidence. Aix-la-Chapelle, Elisenbrunnen (à droite); l'ancienne résidence impériale n'est pas seulement le siège d'une université technique, elle s'enorgueillit aussi de la présence d'eaux thermales.

Essen, Villa Hügel; die Stadt ist geprägt von Gegensätzen: romanisches Münster und Einkaufsboulevards, Arbeiterquartiere und Krupp-Residenz.

Essen, Villa Hügel; this is a city of contrasts from the Roman Cathedral and shopping boulevards, to the workers quartre and the Krupp-residence.

Essen, la villa Hügel. Essen se caractérise par ses contrastes: une cathédrale romane, des quartiers d'ouvriers la résidence de la famille Krupp.

Münster, Prinzipalmarkt; Patrizierhäuser und gotisches Rathaus des alten westfälischen Handels- und Administrationszentrums.

Münster, the Prinzipalmarkt; patrician houses and the Gothic city hall of the oldest Westphalian commercial and administrative centre.

Münster, le Prinzipalmarkt. Des maisons de patriciens à l'hôtel de ville gothique, on découvre l'ancien centre commercial et administratif westphalien.

61

Welt der Arbeit (links); wenn auch viele Stahlstandorte im Revier aufgegeben wurden, noch immer stehen Stahlwerker an den Hochöfen ihren Mann. Schichtwechsel auf Zeche Ewald in Herten (rechts).

The world of the working man (left); even when many steel-works in the area have been closed, the steelworkers still stands by the blast-furnace. The changing shift at the Ewald coal-mine in Herten (right).

Le monde du travail (à gauche); malgré la fermeture de nombreuses aciéries, les ouvriers du "bassin" sont encore présents devant les hauts fourneaux. La relève des équipes à la mine "Ewald" de Herten (à droite).

Braunkohlekraftwerk bei Grevenbroich; hier am Niederrhein sind Industrie und dörfliche Idylle oft ganz nah aneinandergerückt.

The coal power station at Grevenbroich. Here, on the lower Rhine, industry and idyllic villages are often pushed up back to back.

Une centrale thermique près de Grevenbroich; l'industrie et le charme de la campagne sont fort souvent voisins dans cette région du Rhin inférieur.

Herrensitz Nordkirchen im Münsterland; eine Wasser-schloß-Idylle, die aus weitem Umkreis die Besucher zu Ausflügen in die Vergangenheit lockt.

The Manor House Nordkirchen in Münsterland, which attracts visitors from far and near to make a day-trip into history.

Le château de Nordkirchen, en Münsterland. Tel un bi jou posé au bord de l'eau, il attire les amateurs d'histoire de très loin.

Freilichtmuseum für bäuerliche Bau- und Handwerkskunst bei Detmold.
An open air museum of rural architecture and rustic handicraft at Detmold.
Un musée en plein air aux chefs-d'oeuvre de l'artisanat rural près de Detmold.

Die Hengstparade in Warendorf, einem Zentrum der deutschen Reiterei.
A parade of stallions in Warendorf, a centre of German horse-riding.
Une parade d'étalons à Warendorf, un des centres de la cavalerie allemande.

Das Ruhrstadion in Bochum; Zehntausende pilgern im fußballbegeisterten „Pütt" zu den Stadien, um ihre Mannschaft siegen zu sehen.

The Ruhr Stadium in Bochum. Ten thousand football fans on their pilgrimage in "Pütt" to the stadium to see their team triumph.

Le stade de la Ruhr de Bochum; les amateurs de football du "Pütt" (bassin) s'y rassemblent par milliers afin d'y voir triompher leur équipe.

Windhundrennen haben im Ruhrgebiet eine begeisterte Anhängerschaft.
Greyhound racing has a strong following in the Ruhr area.
Les courses de lévriers animent grand nombre de personnes dans le bassin.

Tauben im Revier, das sind die Rennpferde des kleinen Mannes.
Pigeons are the poor-man's race horses in the Ruhr area.
Les pigeons sont les chevaux de course des gens du bassin.

Karneval am Rhein; ob mit „alaaf" oder „helau", die Rosenmontagszüge werden in den närrischen Metropolen von Tausenden begeistert begrüßt.
Carnival on the Rhine; the crazy Shrove-tide procession greeted with a "alaaf" or "helau" from thousands of enthusiastic spectators.
Le carnaval rhénan; les cris "alaaf" ou "helau" expriment l'enthousiasme des milliers de spectateurs qui assistent aux défilés du lundi gras dans les métropoles du carnaval.

Die Jecken sind in den närrischen Tagen überall, vor allem aber auf den Straßen der großen und kleinen Hochburgen des Karnevals.
The "Jecken" are all over the place during Shrove-tide, especially in the streets where all the main action of the Canival takes place.
On rencontre les "fous" partout, en particulier dans les rues des fiefs – petits ou grands – du carnaval.

Um den Nachwuchs braucht sich die Zunft der Karnevalshüter nicht zu sorgen; die Lust an närrischer Kostümierung ist nämlich erheblich.
The guild of the "Karnevalshüter" do not need to worry about the next generation and the continuing tradition. The delight in crasy costumes is inherited, so they say.
La confrérie des organisateurs du carnaval n'a cèrtainement pas à se soucier de sa succession, car l'envie et le plaisir de se déguiser en "fou" est héréditaire.

Es gibt wirklich keinen Grund, schwarz zu sehen. Der Mummenschanz hat im Rheinland eine jahrhundertealte Vergangenheit – und Zukunft.
There is really no need to be pessimistic. The masquerade in the Rhineland has a tradition which is hundreds of years old, and a future just as long.
Il n'y vraiment aucune raison de broyer du noir. Les déguisements, la mascarade remontent à un passé ancestral – et ils ont de l'avenir.

)er Kahle Asten (841 m) mit seiner Wetterstation und die mliegenden Orte im Hochsauerland bieten zu jeder hreszeit vielfältige Freizeitmöglichkeiten, im Winter ber werden sie zum Mekka der Skifahrer und Rodler.

The "Kahle Asten" (841 metres) with its weather station and surrounding villages in Hochsauerland offers a variety of recreational possibilities, especially in winter when it becomes the Mekka for skiers and tobogganists.

Le "Kahle Asten" (841 m) et son observatoire météorologique, les villes environnantes dans le Hochsauerland offrent des possibilités de loisirs variées en toute saison: ils sont en hiver le paradis des skieurs et des lugeurs.

Zugegeben, Rheinland-Pfalz spielt nicht gerade die erste Geige im Konzert der Bundesländer. Aber einmal im Jahr bestimmt es die Gemütslage der Nation, wenn es heißt: „Mainz, wie es singt und lacht". Aber oberhalb der Täler von Rhein und Mosel, wo kein Wein mehr wächst, hat die Narretei kaum Bedeutung. In Eifel und Hunsrück ist der rheinische Frohsinn weniger verbreitet, zu karg ist der Ertrag der Erde, zu lange war die Not hier Hausgenosse. Die schlimmen Zeiten sind vorüber, aber noch fehlt es an Industrie und Arbeitsplätzen, wie sie rings um Kaiserslautern zu finden sind.

Doch die Gebirgszüge sind ein Labsal für Urlauber, die Einsamkeit suchen. Nur an Renntagen auf dem Nürburgring hängt Lärm über der Landschaft, ergreift der Mensch kurzfristig Besitz von ihr. Ein internationaler Treffpunkt anderer Art ist Idar-Oberstein, eines der Weltzentren des Edelsteinhandels. Im übrigen konzentriert sich die Wirtschaftskraft auf das Rheintal, vor allem auf die Landeshauptstadt Mainz. Die mächtige Silhouette der Stadt am Strom symbolisiert diese Stärke, die seit den Tagen der römischen Gründung auch aus geschichtlich gewachsenem Selbstbewußtsein gespeist wird. Der Dom überragt die Kirchen der Stadt, sein Hausherr, der Erzbischof, war lange Zeit einer der mächtigsten Fürsten im Reich.

Den Römern verdanken die Rheinpfälzer den Wein, der römischen Kirche seine Pflege – und dem Wein verdanken sie angeblich ihre fröhliche, tolerante Lebensart. Eine rustikale Art des savoir vivre wird hier gepflegt, beeinflußt vom französischen Nachbarn.

Die Bürger dieses Landstriches waren an wechselnde Landesherren gewöhnt, sie haben immer das Beste daraus gemacht, seit die Römer diesem wilden Terrain ihre Kultur brachten. Der Kunstsinn wurde später auch von den Kirchenfürsten gefördert. Es scheint kein Zufall zu sein, daß gerade in Mainz Johannes Gutenberg den Buchdruck erfand. Es ist nur gerecht, daß ihm und seiner Schwarzen Kunst ein eigenes Museum gewidmet worden ist.

Admittedly, the Rhineland Platinate does not play the role of first violin among the states of the Federal Republic. But atleast once a year it does take the lead regarding the mood of the nation when it can be said, "Mainz, how it sings and laughs". Once one has left the valleys of the Rhine and Mosel to where the wine no longer grows, then the mood changes as well.

In the Eifel area and Hunsrück the easy going nature of the Rhine inhabitants can no longer be found. It is understandable though, since the crop yield has always been too little and the hard times too long. The worst is certainly over, but there is not enough industry to provide sufficient employment. One of the few exceptions is the area around Kaiserslautern.

The Platinate is a hilly region and is nevertheless attractive for holiday-makers who want to be alone. Those looking for the opposite of this will find it at the Nürburgring on racing days. Here, people can lose themselves in the noise and bustle of the events and the occasion. Another international centre is Idar-Oberstein, one of the world centres for the trading of precious stones.

Of economic importance are the Rhine valley, and above all the main city of the region, Mainz. The unmistakable silhouette of this city on the river Rhine has become a symbol in its own right. Mainz was founded by the Romans, and this has had a considerable effect on the history of the city. The cathedral dominates all the churches. The Archbishop of Mainz was the most powerful sovereign of the kingdom.

The Romans brought not only the church but the wine with them. Both found a home in this area due to the easy going tolerant way of life with a mixture of that "savoir vivre" influence from their French neighbours. The people were used to the changing of rulers, and they have been used to making the most of their situation ever since the days when the Romans brought their culture to this wild terrain.

The church had the longest and most lasting influence. It is perhaps not a matter of chance that in Mainz Johannes Gutenberg invented the process for the first printed books. Naturally, there is a museum dedicated to this art.

Il est vrai que la Rhénanie-Palatinat n'occupe pas la tête du classement ouest-allemand. Mais elle détermine au moins une fois par an l'humeur de la nation, lorsque "Mayence (Mainz), chantant et riant" apparaît sur les écrans de télévision – le carnaval peut alors commencer. Cependant, au-dessus des vallées du Rhin et de la Moselle, là où il n'y a plus de vignes, le carnaval ne revêt qu'une importance minime. Dans le massif de l'Eifel et la région du Hunsrück, la gaieté rhénane est peu répandue; la terre donne peu, la misère y a régné trop longtemps. Cette triste époque est passée, mais la région manque encore d'industrie et d'emplois. Kaiserslautern et ses alentours lui servent de modèles.

Mais pour les vacanciers avides de solitude, les monts rhénans sont une véritable aubaine. Leur calme n'est interrompu que lors des courses automobiles sur le circuit du Nürburgring, lorsque l'homme reprend provisoirement possession de la nature. Idar-Oberstein est l'un des autres centres de rencontres internationaux de la région, dans un domaine tout différent: le commerce des pierres précieuses. En outre, la vie économique se réduit à la vallée du Rhin et en particulier à la capitale, Mayence. Son imposante physionomie, au bord du fleuve, incarne la force et la fierté historique dont elle se nourrit depuis sa fondation par les Romains. La cathédrale dépasse en hauteur les églises de la ville, car son maître de céans, l'archevêque, fût pendant longtemps l'un des plus puissants de l'empire germanique.

Les habitants de la Rhénanie-Palatinat doivent aux Romains l'implantation de la vigne, à l'Église catholique, la culture de cette vigne, et au vin, la gaieté et la tolérance de leurs conceptions. Ils ont choisi une forme pastorale du savoir-vivre que leur apprirent leurs voisins français. Cette région a toujours été habituée aux changements de souverains, elle a toujours su s'y adapter, en profiter et ce, depuis que les Romains ont apporté leur civilisation en cette terre jadis sauvage. Les représentants de l'Église, plus tard, ont encouragé les dons artistiques des Rhénans. Ce n'est donc pas par coïncidence que Johannes Gutenberg a inventé l'imprimerie à Mayence. Au contraire, le musée dédié à son souvenir et son art ne s'en trouve que davantage justifié.

Rheinland-Pfalz

Rhineland-Palatinate

Rhénanie-Palatinat

Der Rhein am Loreley-Felsen.

The Rhine at the Loreley rock.

Le Rhin au pied du rocher de la Loreley.

Weinberge in der Südpfalz mit Blick auf Schloß Ludwigshöhe bei Rhodt; Friedrich Gärtner hat es im Auftrag von
König Ludwig I. von Bayern errichtet.

Vineyards in the southern Palatinate with a view of the
Ludwigshöhe villa at Rhodt; King Ludwig I of Bavaria
commissioned Friedrich Gärtner to build it.

Vignes dans le sud du Palatinat, vue sur le château de
Ludwigshöhe, près de Rhodt; c'est Friedrich Gärtner qui
l'a construit, sur la demande du roi Louis Ier de Bavière.

An einer der unzähligen Windungen, die die Mosel beschreibt, liegt das Städtchen Bernkastel mit seinem fast vollkommen erhaltenen historischen Kern. Auf der anderen Seite des Flusses der Ortsteil Kues, dessen größter Sohn Nicolaus Cusanus war. Hier dreht sich alles um den Wein (von oben nach unten): Weinprobe im Stift St. Nikolaus in Bernkastel; Winzer bei der Arbeit; Weinkeller in Edenkoben/Pfalz.

The small town of Bernkastel is located on one of the numerous meanders of the Mosel. The historical town centre is almost completely preserved. Kues, a part of the town situated on the other side of the river is the birth place of Nicolas Cusanus. Everything here revolves around the wine (from top to bottom): wine tasting in Stift St. Nikolaus in Bernkastel; wine-growers at work; wine cellar in Edenkoben/Palatinate.

La petite ville de Bernkastel et son centre historique presque entièrement conservé est située sur l'un des innombrables méandres que décrit la Moselle. De l'autre côté du fleuve, le quartier de Kues, dont le personnage le plus important fut Nicolaus Cusanus. Ici, tout tourne autour du vin (du haut en bas): dégustation au monastère de Sankt Nikolaus, à Bernkastel; viticulteur au travail; cave à Edenkoben en Palatinat.

Trierer Ansichten: Der Hauptplatz mit dem Marktkreuz und anderen Zeugnissen der Vergangenheit (oben); das kurfürstliche Palais (darunter); das römische Amphitheater (unten); rechts das Gemäuer der Kaiserthermen – Badefreuden mit allem Komfort eines schon damals perfekten Bewässerungs- und Heizungssystems.

Views of Trier: the main square with the Market Cross and other testimony of historical interest (top); the electoral palace (below); the Roman amphitheatre (bottom); the wall of the Kaiser thermal baths (right), a pleasure for bathing with all the comforts of the water and heating system which was part of the original building.

Impressions de Trèves: la place principale, sa croix et d'autres témoignages du passé (en haut); le palais du prince électeur (en-dessous); l'amphithéâtre romain (en bas); à droite, un pan de mur impressionnant des Thermes impériaux, équipés d'un système, à l'époque déjà parfait, d'irrigation et de chauffage.

78

Die Porta Nigra gehört zu den am besten erhaltenen römischen Bauwerken nördlich der Alpen. Sie war das Nordtor der antiken Stadt Trier und besteht aus zwei vierstöckigen Türmen. Der Name der mächtigen Anlage geht auf die durch Witterungseinflüsse geschwärzten Sandsteinblöcke zurück.

The Porta Nigra belongs to one of the best preserved examples of Roman architecture north of the alps. It was the north gate of the antique town of Trier, and consisted of two four storey towers. The name of these impressive towers originates from the weathering influence on the blocks of sandstone.

La Porta Nigra compte parmi les vestiges romains les mieux conservés du nord des Alpes. Elle était la porte nord de la ville antique de Trèves et est composée de deux tours à plusieurs niveaux. Cet imposant vestige doit son nom à la patine sombre qui s'est accumulée sur ses blocs de grès.

Das Luftbild zeigt den Laacher See, das größte aller Maare in der Eifel; seit 1926 sind See und Uferbereich Naturschutzgebiet. Die Abtei Maria Laach ist eine der großartigsten Schöpfungen der deutschen Romanik.

The aerial view of Laache lake, the largest lake in the Eifel area. Since 1926, this lake and its surroundings have been a wild-life reserve. The abbey Maria Laach is a remarkable creation ot the German Romanesque.

Vue aérienne sur le lac de Laach, le plus grand de l'Eifel; ce lac et ses rivages sont classés sites protégés depuis 1926. L'abbatiale de Maria Laach est l'une des plus belles créations de l'art roman en Allemagne.

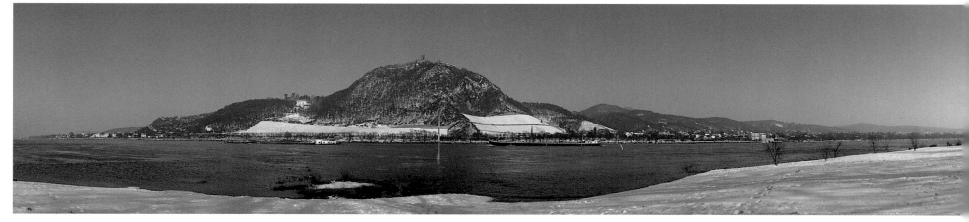

Der Rhein durchfließt eine Kulturlandschaft von seltenem Reiz. Oberwesel ist eine kleine mittelalterliche Stadt auf römischen Mauern, deren berühmter Weinmarkt unzählige Besucher anzieht (oben); 571 m erhebt sich der Drachenfels über dem Strom (links); St. Goarshausen mit der mächtigen Burg Katz (rechts).

The Rhine unites a landscape of such different cultures that it is in itself an extraordinary attraction. Oberwesel is a small town dating from the Middle Ages with Roman walls, and a famous wine market (above); the Drachenfels rises to 571 m above the river (left); St. Goarshausen with its impressive Katz castle (right).

Le Rhin traverse des sites chargés de culture d'un charme rare. Oberwesel, ville médiévale, fut construite sur des fondements romains; son célèbre marché au vin (en haut); le rocher du Drachenfels s'élève à 571 m au-dessus du fleuve (à gauche); Sankt Goarshausen et château fort Katz (à droite).

Ihren Ausgang nimmt die Nahe im Hunsrück, bei Bingen mündet sie in den Rhein; an ihren oft gewundenen Ufern gedeiht ein von Kennern hochgeschätzter Wein. Münster am Stein liegt in einer Naheschleife.

The source of the Nahe is near Hunsrück. It flows into the Rhine at Bingen, and along the river banks are vineyards in which high quality wine is produced. Münster am Stein is situated in a horse shoe bend of the Nahe.

La Nahe prend sa source dans la région du Hunsrück et se jette dans le Rhin près de Bingen; le long de son cours sinueux s'épanouissent des vignes. Münster am Stein au creux d'un méandre de la Nahe.

Idar-Oberstein ist seit Jahrhunderten die Stadt der Edelsteinschleiferei und des Edelsteinhandels, in ihrer Umgebung gab es einst ergiebige Achatfundstätten. Links ein Schleifer bei der Arbeit, rechts Blick auf die Stadt.

For centuries Idar-Oberstein has been the town where precious stones have been cut and traded. Nearby there were once productive agate mines. Left a polisher at work, right a view of the town.

Idar-Oberstein est depuis des siècles la métropole de la taille des pierres précieuses. Il y avait autrefois de riches gisements d'agates. A gauche, un tailleur de pierres, à droite, vue sur la ville.

Der Kaiserdom zu Worms ist ein Hauptwerk der rheinischen Romanik; sein Westchor wurde im Jahre 1181 geweiht.

The Kaiserdom of Worms is a major example of the Romanesque of the Rhine; the west chancel was consecrated in 1181.

La cathédrale impériale Saint-Pierre de Worms est l'une des pièces maîtresses de l'art roman rhénan. La construction de son chœur ouest fut commencée en 1181.

Lutherdenkmal zur Erinnerung an den Reichstag zu Worms von 1521, bei dem der Reformator seine Lehre verteidigte.

The Luther Memorial in remembrance of the Reichstag of Worms in 1521 when the reformer defended his teaching.

Monument en la mémoire de Luther et sa comparution à la Diète, devant laquelle le célèbre réformateur défendit ses thèses.

Speyer, die Domstadt am Rhein, war seit 1294 freie Reichsstadt; hier hatte das Reichskammergericht zeitweilig seinen Sitz. Der Dom, eine romanische Pfeilerbasilika, mit dessen Bau um 1030 begonnen wurde, ist der größte der drei Kaiserdome; acht deutsche Kaiser und Könige sind in seiner Krypta begraben.

Speyer, the cathedral town on the Rhine was declared a free town of the kingdom in 1294. The supreme court of justice was situated here. In 1030 work was started on the cathedral with Romanesque basilica pillars which is the biggest of the three "Kaiserdome"; eight German emperors and kings are buried in the crypt.

Ville aux nombreux clochers située au bord du Rhin, Spire fut déclarée ville libre d'Empire en 1294. La cathédrale, une basilique à tours romane dont la construction fut commencée en 1030, est la plus grande des trois cathédrales "impériales" existantes. Huit empereurs et rois allemands reposent dans sa crypte.

Sie frühstücken wie die Deutschen und speisen ansonsten wie die Franzosen – die Saarländer haben zumindest kulinarisch das Beste aus ihrer Grenzlage gemacht. Aber auch sonst nutzen sie den Vorteil, Frankreich zum Nachbarn zu haben. Sie tragen ebenso Baguettes nach Hause wie ihre westlichen Nachbarn und sagen „dudzwitt", wenn sie „sofort" meinen.

Sie übernehmen viel von der französischen Lebensart, aber immer, wenn man die Saarländer gefragt hat, ob sie lieber Schwarz-Rot-Gold oder die Trikolore an ihren Masten flattern sähen, entschieden sie sich für Deutschland. So geschah es in den Volksabstimmungen von 1935 und 1955 – den letzten Wirrnissen in der bewegten Geschichte des kleinen Landes im Südwesten.

Das Territorium im Herzen Westeuropas war in den letzten beiden Jahrhunderten allezeit von seinen Nachbarn umworben, weil es in seinem hügeligen Grund einen Schatz birgt: die Kohle. Die saarländischen Steinkohlenflöze erstrecken sich etwa von der Landeshauptstadt Saarbrücken bis nach Neunkirchen. Sie waren die Grundlage für die Industrialisierung des ehedem bäuerlichen Landes. Über den Kohlezechen entstand Deutschlands zweites Revier mit gewaltigen Stahlwerken. Das Revier an der Saar leidet heute unter denselben Strukturproblemen wie das Ruhrgebiet.

Das Image eines Stahl- und Kohlestandortes macht es den Saarländern schwer, sich eine neue, einträgliche Einkommensquelle durch den Fremdenverkehr zu erschließen. Dabei sind die Voraussetzungen durchaus vorhanden: es gibt ausgedehnte Wald- und Wandergebiete in einer relativ dünn besiedelten Landschaft (über ein Drittel aller Saarländer lebt in und um Saarbrücken). Aber diese Refugien der Natur sind wenig bekannt. Allein die pittoreske Saarschleife bei Mettlach ist ein auch über die engere Region hinaus geschätztes Ausflugsziel. Ähnliches gilt für die von Menschenhand geschaffenen Sehenswürdigkeiten. Dabei sind die Stiftskirche von Merzig, der herrliche Blick von der Siersburgruine bei Rehlingen, der Wendelsdom in St. Wendel oder die Reste der Festungsanlagen, die Ludwig XIV. in Saarlouis errichten ließ, gewiß eine Visite wert.

Breakfast as the Germans do, otherwise dine as in France – the people of Saarland have made the best of their cuisine in this border area. There are also other advantages of having France as a neighbour: Parisian fashion, champagne, and even the delight of carrying home French style bread in the form of a baguette.

Much of the French life style has been assimilated, but if you ask a person from Saarland whether he prefers the black, red and gold of the German flag or the French Tricoleur, then the decision is clearly for Germany. This was the case in the plebiscites of 1935 and 1955 to clear up the confusion in this small region in the south-west of Germany.

Saarland lies in the heart of western Europe and was "courted" by all its neighbours during the last two hundred years. Beneath the hilly landscape there was something of considerable importance and value: coal. The coal seams of Saarland are situated between the main city of Saarbrücken and Neunkirchen. The wealth of coal was the basis for the industrialization of this once agricultural region. Together with the coal-mines, Germany's second major industrial area with large steelworks developed. Today, the Saar region is facing the same problems as the Ruhr industrial area.

Of course, with this image of steel-works and pits, it is difficult for the people of Saarland to change their image so as to find a new way of making a living, for example through tourism. This is not as strange as it may seem at first, since everything which is necessary is already there, from forests to walking and hiking tracks in an area which is relatively sparsely populated. More than one-third of the population of Saarland lives in Saarbrücken. The meandering river Saar at Mettlach is just one of the region's favourite spots for day-trippers.

The church at Merzig is also a popular tourist attraction, or one can enjoy the splendid view from the ruins of the Sierburg at Rehlingen. The Wendelsdom, a cathedral in St. Wendel, and the remains of the fortress which Ludwid XIV had built in Saarlouis are certainly worth visiting.

Ils déjeunent comme les Allemands, mais se restaurent à la française – les Sarrois ont su tirer de leur situation géographique un avantage culinaire incontestable. Mais ils ne partagent pas seulement ce privilège: si, comme leurs voisins français, ils achètent régulièrement leur baguette, ils disent aussi "dudzwitt" pour "tout de suite".

Certes, ils ont pris de nombreuses habitudes françaises, mais lorsqu'on leur demande s'ils préfèrent voir flotter le drapeau noir-rouge-or ou le bleu-blanc-rouge au-dessus de leurs toîts, ils optent pour le premier. C'est ainsi qu'ils se décidèrent à être rattachés à l'Allemagne lors des référendums de 1935 et 1955, en ces temps agités que connut cette petite région du sud-ouest de l'Allemagne.

La Sarre, province située au cœur de l'Europe occidentale, fut au cours des deux siècles derniers l'objet de la convoitise allemande et française; elle recèle en effet un secret bien caché sous ses paysages vallonnés: des gisements de houille. Les mines sarroises s'étendent environ de Sarrebruck (Saarbrücken), la capitale du "Land", à Neunkirchen. Elles furent la base de l'industrialisation de cette ancienne région agricole et représentent, avec leurs gigantesques usines métallurgiques, le second bassin houiller d'Allemagne. Ce dernier, comme celui de la Ruhr, est confronté aujourd'hui à d'importants problèmes structurels.

Il est difficile pour les Sarrois de renoncer à l'éphigie de leur pays – l'acier et la houille – afin de se consacrer à une branche plus lucrative, le tourisme. Ce n'est pourtant pas par manque de possibilités: la Sarre possède des régions boisées étendues qui incitent à la marche, sa densité de population est en outre relativement basse (plus d'un tiers des Sarrois vit à ou autour de Sarrebruck). Ses refuges naturels sont peu connus. Par contre, le méandre de la Sarre près de Mettlach, fort pittoresque, est le but de nombreuses excursions.

Il en est de même pour les curiosifés que l'homme a forgées de sa main. Il ne faut donc pas manquer de visiter l'église collégiale de Merzig, la ruine de Siersburg, près de Rehlingen, et son magnifique panorama, l'église de Sankt Wendel ou les restes de la forteresse que Louis XIV fit construire à Sarrelouis (Saarlouis).

Saarland

Saarland

Sarre

Wochenmarkt vor der Ludwigskirche.   The weekly market in front of the Ludwigskirche.   Marché devant l'église Saint-Louis.

Blick vom Schloß über Saarbrücken, die Hauptstadt des Saarlandes, die durch Zusammenlegung zweier rechts und links der Saar gelegener Orte (Saarbrücken und St. Johann) entstand. Die „Alte Brücke", die die Stadtteile verbindet, stammt aus dem Jahr 1549. Im 18. Jahrhundert wurde die Stadt zu einer prächtigen Residenz ganz im barocken Stil umgestaltet.

View from the chateau over Saarbrücken, the main city of Saarland. The city originated from the time when the two towns, Saarbrücken and St. Johann, which were situated each side of the Saar, were united. The "Alte Brücke" which links the two parts of the town was built in 1549. Durind the 18th century the city was turned into a magnificent Residence in the baroque style.

Vue du château sur Sarrebruck, la capitale de la Sarre, qui naquit de l'union de deux villes situées l'une sur la rive droite, l'autre, sur la rive gauche de la Sarre (Saarbruck et Sankt Johann). Le vieux pont (Alte Brücke), qui relie les deux parties de la ville, date de 1549. Au XVIIIe siècle, Saarbruck fut rénovée et entièrement transformée en une splendide résidence de style baroque.

Ausstellungsraum der Firma Villeroy & Boch in Mettlach, die teilweise in dem bereits um 700 gegründeten Benediktinerkloster untergebracht ist.
The show room of the Villeroy & Boch company in Mettlach. The company premises are partly located in the 700 years old Benedict monastery.
Salle d'exposition de la manufacture Villeroy & Boch, qui est installée en partie dans le monastère des Bénédictins de Mettlach, fondé vers 700.

Denkmal des Freiherrn Carl Ferdinand von Stumm in Neunkirchen, einer durch ihre großen Eisen- und Stahlwerke bedeutenden Industriestadt.
Memorial to the Baron Carl Ferdinand von Stumm in Neunkirchen which is an important industrial city with its large iron and steelworks.
Monument en la mémoire du baron Carl Ferdinand von Stumm à Neunkirchen, importante ville industrielle dans le domaine de la métallurgie et de la sidérurgie.

Von einem mehr als 350 m hoch gelegenen Aussichts-berg bei Mettlach-Orscholz hat man einen weiten Blick über die spektakulärste landschaftliche Sehenswürdig-keit des Saarlandes, die große Saarschleife. Die eigen-willige Schönheit dieser Region zieht zahllose Wande-er, Touristen und Hobby-Fotografen in ihren Bann.

The spectacular view of the picturesque landscape of Saarland from the 350 m high hill near Mettlach-Orscholz with the meandering Saar. This geographical example is rarely seen with such perfection. The unusual beauty of this region attracts numerous hikers, tourists and hobby photographers.

C'est d'une hauteur de plus de 350 m, près de Mettlach-Orscholz, que l'on jouit d'une vue panoramique sur la plus spectaculaire attraction géographique de la Sarre: le grand méandre de la Sarre. La beauté affirmée de cette région fait la joie d'innombrables randonneurs, touristes et photographes amateurs.

"Bankfurt" macht's möglich: Hessen ist in der Statistik für Wirtschaftszuwachs an die Spitze aller Bundesländer vorgerückt. Die Wirtschaftskraft Frankfurts und des Rhein-Main-Gebietes haben für dieses strahlende Ergebnis gesorgt, allerdings auch für die Schatten, die über dem weniger begünstigten Nordhessen liegen. Kassel, die schöne alte Residenz und „Documenta"-Stadt, spürt die Sogwirkung Frankfurts ebenso wie Marburgs Universität oder die Industrie in Wetzlar.

Die Kehrseite der Medaille ist Nordhessens intakte Landschaft voll tiefer Wälder und stattlicher Berge. Das Märchenland der Brüder Grimm versteckt seine Schlösser, Täler und Seen. Ganz im Gegensatz dazu der Taunus und der Odenwald, die an den Wochenenden Naherholung für Frankfurter, Offenbacher, Darmstädter und Wiesbadener bieten.

Im Tal zwischen diesen Städten kreuzen sich von altersher die Handelswege zu Wasser und Lande. Schnell wurde Frankfurt Messe- und Börsenplatz. Die Bürger wußten früh, ihr Kapital zu nutzen: sie trotzten den Herrschern die Reichsfreiheit ab und behielten doch das Privileg der Kaiserwahl.

Frankfurts Macht hielt sich durch die Jahrhunderte, erst die Preußen aus Berlin machten ihr ein Ende. Doch die traurige Teilung Deutschlands in West und Ost erwies sich für Frankfurt als Glück im Unglück. Das himmelhoch wachsende „Mainhattan" ist heute der wirtschaftliche Nabel der Republik: davon und vom Rhein-Main-Flughafen, der Drehscheibe des internationalen Flugverkehrs, profitiert das elegante Wiesbaden wie auch das geschäftige Hanau.

Wo große Geschichte und großes Geld zusammentreffen, geht es auch den Künsten gut. Vor allem die Baukunst floriert in Frankfurt. Dom, Römer und Paulskirche konnten wiederaufgebaut werden. Die Dichtung fand in der Stadt der Buchmesse stets würdige Repräsentanten, allen voran natürlich Goethe. Bürgerstiftungen sind ein Signum dieser Region. Die besten Beispiele bieten Frankfurts Alte Oper und das Städel, das Juwel am Museumsufer.

Hochmut im Erfolg ist die Sache der Hessen nicht. Sie neigen zum Handfesten im Umgang miteinander, aber auch, wenn es um die Freuden des Alltags geht, eine rustikale Küche, vorzüglichen Rheinwein und kernige Apfelweine. All das genießen Hessen gern mit Gästen, auch wenn sie diese wortkarg begrüßen. Man trägt sein Herz nicht auf der Zunge – aller Blauen-Bock-Fröhlichkeit zum Trotz.

"Bankfurt" makes it possible. The state of Hessen is now statistically heading the table of economic growth in Germany. Many people from different backgrounds in Frankfurt and the Rhine-Main area are a little uneasy about their brilliant success, especially the shadow cast over the less fortunate in north Hessen. Kassel, the beautiful old Residence and home of the "Documenta", has felt the way in which people are drawn away by the magnetic effect of Frankfurt. The same applies to the University of Marburg or the industries of Wetzlar.

There are always two sides to every coin. The countryside of north Hessen is still undisturbed consisting of forests and lovely mountains. This is the fairytale land of the Grimm brothers with its hidden castles, valleys and lakes. The opposite is the case with the Taunus and Odenwald which are within easy reach for the people of Frankfurt, Offenbach, Darmstadt and Wiesbaden looking for places to relax at the weekend.

The old trade routes, both by land and water cross in the valley between these cities. Frankfurt quickly became a trade exhibition and market centre. The citizens realized long ago how to make the most out of their situation. They had obtained the freedom of the realm from the rulers and retained the privelege to chose the emperor.

The sky-scrapers of "Mainhattan" as Frankfurt is usually referred to has become the economic heart of the Federal Republic. Frankfurt airport has become the main centre for international air traffic. Both Wiesbaden and Haman have profited considerably as a result.

Wherever history and money cross paths, then the arts flourish. In Frankfurt, this means architecture. The cathedral, Römer, and the Paulskirche were rebuilt. The literary tradition found its worthy representation through the world famous Frankfurt Book Fair. The donation of money for particular causes is one of the special characteristics of the region. The best examples of this are to be seen at the Alter Oper, or the Städel Museum along the museum embankment.

Haughtiness is nothing for the successfull people of Frankfurt. They tend to be down to earth when either doing business or relaxing. Simple food, Rhine wine or cider are the order of the day. Although their form of greeting may appear to be somewhat tactiturn their is no holding back when socializing. It should not be forgotten, however, that the people of Hessen are more reserved when expressing their feelings.

Tout grâce à "Banquefort" (Francfort): la Hesse a atteint la place numéro un dans les statistiques qui indiquent le taux de la croissance économique allemande. La puissance de Francfort et de la région du Rhin et du Main dans ce domaine est à l'origine de ce brillant résultat; tout celà, il faut le dire, au dépens du nord de la Hesse, moins favorisé. Kassel, ancienne et jolie résidence princière, ville de la célèbre foire "Documenta", ressent l'attraction qu'exerce Francfort de la même manière que l'université de Marbourg (Marburg) ou l'industrie implantée autour de Wetzlar.

Le revers de la médaille, ce sont les paysages encore intacts du nord de la Hesse, avec ses forêts profondes et son imposant relief. La patrie féérique des frères Grimm cache, protège soigneusement ses châteaux, vallées et lacs, alors que les régions du Taunus et de l'Odenwald servent de refuge, chaque week-end, aux habitants de Francfort, Offenbach, Darmstadt et Wiesbaden.

La vallée qui s'étend entre ces villes est depuis longtemps traversée par d'importantes voies commerciales, routières ou fluviales. Francfort est rapidement devenue centre boursier et ville de foires internationales. Ses habitants ont vite appris à utiliser leur capital: en effet, ils parvinrent, par leur entêtement et au détriment des souverains locaux, à se faire attribuer la liberté impériale, tout en conservant le privilège d'élire l'empereur.

Aujourd'hui, Francfort – "Mainhattan" et ses gratte-ciel – est le nombril économique de la République Fédérale; Wiesbaden, ville élégante, et Hanau, ville d'affaires, en profitent ainsi que de l'aéroport du "Rhein-Main", plaque tournante de la circulation aérienne internationale. Lorsque l'histoire et le monde des finances se rencontrent, le bon sort des arts est assuré. C'est surtout l'architecture qui s'est développée à Francfort: après la guerre on put reconstruire la cathédrale, le quartier du Römer et l'église Saint-Paul. La littérature a toujours trouvé à Francfort, ville de la foire du livre, de dignes représentants, surtout et naturellement Goethe. Les donations caractérisent la région. L'Opéra et le Musée Städel en sont les meilleurs exemples.

Les habitants de la Hesse se gardent bien de se laisser griser par le succès. Ils apprécient tout ce qui est stable dans leurs relations à autrui tout comme lorsqu'il s'agit de leurs plaisirs quotidiens, de leur cuisine du terroir, leur excellent vin et leur cidre corsé. C'est ce qu'ils aiment partager avec leurs hôtes, même s'ils n'échangent que quelques mots avec eux. Peut-être ont-ils leur cœur ailleurs que sur la langue – en dépit de la gaieté qu'affiche l'émission télévisée "Blauer Bock".

Hessen

Hesse

Hesse

Kurhaus in Wiesbaden.

The Kurhaus in Wiesbaden.

Les thermes de Wiesbaden.

Zwar prägen die Hochhäuser von Banken, Verwaltungs- sitzen und Hotels die Silhouette von Frankfurt am Main, aber die Stadt hat auch einen sehenswerten historischen Kern und gediegene Wohnquartiere, die an die glanz- volle Vergangenheit erinnern. In Frankfurt gaben sich einst Kaiser und Könige ein Stelldichein.

The sky-scrapers housing banks, administration centres and hotels dominate the silhouette of Frankfurt am Main, but the city also has a picturesque historical centre with a prosperous residential area which recalls the glory of the past. Frankfurt was once the place for a rendezvous between the emperors and kings.

Il est vrai que la physionomie de Francfort-sur-le-Main est marquée par ses grands immeubles – banques, ad- ministrations –, mais cette ville possède aussi un centre historique digne d'être vu. Ses quartiers résidentiels cossus nous rappellent un passé brillant. C'est à Franc- fort qu' empereurs et rois se donnaient rendez-vous.

Daß in Frankfurt nicht nur die Geschäfte florieren, sondern auch die Kunst eine Heimstadt hat, dafür stehen die bedeutenden Sammlungen am Museumsufer; die Stadt ist einer der wichtigsten Messeplätze der Welt und zieht vor allem während der Internationalen Automobilausstellung (rechts) Scharen von Besuchern an.

Not only are the businesses flourishing in Frankfurt, but also the arts are well established. There are important collections to be found along the Museum Embankment; the city is also one of the most important places in the world for fairs especially the Automobile Fair (right) which attracts thousands of people.

Les collections du Museumsufer prouvent que l'art es inséparable de Francfort, et que ce ne sont pas seule ment les milieux d'affaires qui y prospèrent. Francfor est l'une des plus grandes villes de foires internationale du monde et attire les visiteurs en grand nombre, surtou lors du Salon international de l'Automobile (à droite).

98

Die im Zweiten Weltkrieg zerstörte Frankfurter Oper (links), die inzwischen im alten Glanz wiedererstand, ist Schauplatz bedeutender künstlerischer und gesellschaftlicher Veranstaltungen; am Römerberg (rechts) sind die im Zweiten Weltkrieg vernichteten historischen Ratsgebäude originalgetreu wiederaufgebaut.

The Opera house which was destroyed during the Second World War has been rebuilt in all its original glory, and is host to important artistic and social events; at Römerberg (right) the historical city hall which was also destroyed during the war was rebuilt exactly in its original form.

Détruit pendant la seconde guerre mondiale, l'Opéra de Francfort (à gauche), qui a retrouvé entre-temps sa splendeur d'autrefois, est l'hôte de remarquables manifestations culturelles et mondaines; les bâtiments du Conseil du Römerberg (à droite), également bombardés, ont été reconstitués conformément aux originaux.

Blick von der alten Lahnbrücke auf den Limburger Dom, der zusammen mit der Burg ein großartiges Ensemble bildet. Die siebentürmige Kirche ist das eindrucksvollste Beispiel der rheinischen Spätromanik. Limburg, einst ein bedeutender Handelsplatz an der Straße von Köln nach Frankfurt, hat seit dem 13. Jahrhundert Stadtrecht.

View from the old Lahnbrücke of the Limburg Cathedral which with the castle form a wonderful architectural group. The church with seven towers is impressive example of late Rhineland Romanesque. Limburg, once an important commercial centre between Cologne and Frankfurt, was granted town rights in the 13th century.

Vue du vieux pont de la Lahn sur la cathédrale de Limbourg qui, avec le fort, constitue un ensemble admirable. La cathédrale et ses tours est sans doute le plus impressionnant exemplaire de l'art roman tardif rhénan. Limbourg, autrefois centre commercial entre Cologne et Francfort, a joui depuis le XIIIe siècle de lois propres

Höhr-Grenzhausen mit seinem Keramikmuseum ist der Hauptort des Kannenbäcker-
lands; seit Generationen wird dort Keramik in traditionellen Formen hergestellt.
The small town of Höhr-Grenzhausen with its ceramic museum is situated in the Kannenbäckerland. Traditional ceramic pots have been produced here for generations.
Höhr-Grenzhausen et son musée de la céramique, centre du "Kannenbäckerland"; on
fabrique depuis des générations de jolis objets traditionnels en céramique.

Der klassizistische Bau des Fridericianums (oben), schon im 18. Jahrhundert als Museumsbau konzipiert, beherbergt die Kasseler „documenta" (unten).

The classical design of the Fridericianums (above) was conceived as a museum in the 18th century. Today it is the host to the Kassel Documenta (below).

C'est dans le Fridericianum (en haut), qui, lors de sa création au XVIIIe siécle, était déjà voué à devenir un musée, qu'a lieu l'exposition "documenta" de Kassel (en bas).

Die Künstlerkolonie Mathildenhöhe in Darmstadt mit dem Hochzeitsturm von Josep Olbrich, der 1908 gebaut wurde.

The Mathildenhöhe artist colony in Darmstadt with the Hochzeitsturm designed b Joseph Olbrich and built in 1908.

La colonie d'artistes de Mathildenhöhe, à Darmstadt, et la Tour des Mariés de Josep Olbrich, construite en 1908.

Der malerische Kurort Lindenfels im Odenwald (links); Blick in die Michaelskirche in Fulda (rechts), die aus karolingischer Zeit erhalten ist.

The picturesque Linden health resort in Odenwald (left); view of the Michaelskirche in Fulda (right) which dates from the Carolingian times.

Lindenfels, dans la forêt de l'Odenwald, pittoresque station thermale (à gauche); l'église Saint-Michel de Fulda (à droite), qui date de l'époque carolingienne.

Die „Alte Universität" in Marburg wurde Ende des 19. Jahrhunderts in neugotischem Stil errichtet.

The "Old University" of Marburg was built in the New Gothic style at the end of the 19th century.

L'université de Marbourg, une des plus vieilles d'Allemagne, fut bâtie à la fin du XIXe siècle en style néo-gothique.

Sie seien die Nummer eins unter den deutschen Bundesländern, erzählen die Schwaben gerne. Wer ihnen deshalb leichtfertigen Hochmut vorwirft, den verweisen sie aufs Alphabet. Und da steht Baden-Württemberg vorne.

Aber es gibt auch handfestere Gründe, auf das Land zwischen Neckar und Bodensee stolz zu sein: es ist ein Wirtschaftsriese, nicht nur wegen seiner Großunternehmer von internationalem Ruf, sondern vor allem wegen der zahllosen kleinen und mittleren Betriebe, in denen solide, weltweit anerkannte Qualitätsarbeit geleistet wird. Denn der sprichwörtliche schwäbische Fleiß ist in allen Landesteilen zuhause.

Doch auch auf anderem Gebiet können die Bürger eine Spitzenposition beanspruchen: nirgendwo in Deutschland ißt man – viele Spitzenrestaurants belegen es – so gut wie hier. Das gehört zur Lebensphilosophie: wer tüchtig arbeitet, soll auch tüchtig feiern. Diese Einstellung gibt Baden-Württemberg etwas Anheimelndes, selbst in der Metropole Stuttgart. Die Universitätsstädte Freiburg und Heidelberg verdanken einen Teil ihres akademischen Ruhmes solch angenehmer Lebensart.

Heidelberg trägt überdies anderen Ruhm: es ist wesentlicher Magnet für den nationalen und internationalen Tourismus. Doch auch andernorts kann man gut Ferien machen, und manche Winkel wirken wie zum Urlaub erschaffen. Der Bodensee, der Schwarzwald mit dem 1493 Meter hohen Feldberg, das Allgäu sind dafür hervorragende Beispiele.

Obschon als notorische „Häuslebauer" bekannt, waren die Bauherren der Schlösser und Kirchen natürlich nicht die Bürger; die geistlichen und fürstlichen Landesherren sorgten für die Anlage der Kollekten und Steuergroschen. Die Staufer setzten Maßstäbe, denen später die Hoheiten zahlloser Minireiche folgen wollten. Erst im vergangenen Jahrhundert konzentrierte sich die Macht auf das Großherzogtum Baden und das Königreich Württemberg, die 1871 Bundesstaaten des Deutschen Reichs wurden. 1952 vereinigten sie sich zum heutigen „Musterländle".

Ist denn nichts Negatives zu sagen über dieses Baden-Württemberg? Doch, da wäre die angeblich übergroße Sparsamkeit der Schwaben zu nennen. Dem sei hier heftig widersprochen – mit einer Einschränkung: ihren feinen Wein geben die Schwaben nicht gerne her. Den trinken sie selber.

The Swabian people of Baden-Württemberg like to think of themselves as the best of the German federal states. Whoever simply accuses them of being arrogant will find himself reprimanded very quickly.

However, there are definite reasons why this area between the river Neckar and Lake Constance should be proud of itself. It is literally an economic giant, with numerous medium and small sized firms which produce goods of high quality which have helped "Made in Germany" become world famous.

Certainly, there is no doubt about it, the citizens of Baden-Württemberg are well off. Many of the best restaurants are to be found here, more than in any other state in Germany. The thoroughness and efficiency of their working life knows no bounds, and the same excellence and perfection is found when celebrating or even relaxing. Their way of life also gives these people a very homey character, and any visitor to the main city of Stuttgart will experience this.

The flair of academic life in the university towns of Freiburg and Heidelberg has been directly affected by the Swabian way of life. Heidelberg is well-known as a centre for tourism, both national and international. There are numerous other towns and lesser known places off the beaten track where one can enjoy a holiday. Lake Constance, the Black Forest, or the Allgäu area are just a few excellent examples.

The gentry who financed the building of castles and churches were responsible for the almost infamous term often used jokingly to describe the industrious people of the state – "Häuslebauer" – the builders of little houses. The gentry and clergy financed their programmes through the taxes they raised. During the last century the Dukes of Baden and the Royal Family of Württemberg had become the main rulers of the region which became one of the Federal States of the German Reich in 1871. In 1952, it became part of the "Musterländle".

Well is there anything negative to be said about Baden-Württemberg.? What else other than the often mentioned frugal nature of the Swabian people. This is strongly denied by the inhabitants themselves, with just one exception: their delightful wine which they do not like to give away. This, they drink themselves.

Les Souabes aiment à raconter que, de toutes les provinces allemandes, la leur occupe la première place. Si vous avez l'audace de leur reprocher leur légère arrogance, ils vous renverront à l'alphabet. Car, effectivement, dans le classement alphabétique des 11 "Länder", le Bade Wurtemberg est premier (devant la Bavière et Brême).

Mais ce sont d'autres raisons, plus sérieuses, qui font la fierté de cette région, située entre le Neckar et le Lac de Constance: elle est un immense réservoir économique, pas seulement grâce à ses grandes firmes de renommée internationale, mais aussi et surtout à ses innombrables petites et moyennes entreprises dans lesquelles un travail soigné, de grande qualité a fait sa réputation dans le monde entier. C'est donc que le zèle légendaire du Souabe est réalité en toutes parts du "Land"...

La première place, les Souabes l'occupent aussi certainement dans un tout autre domaine: nulle part en Allemagne, on ne mange si bien qu'en Bade Wurtemberg – ses excellents restaurants en témoignent. Celà fait partie de l'art de vivre local: qui travaille bien, doit aussi bien se distraire. Cette conception donne au visiteur du Bade Wurtemberg l'impression d'être chez soi, même à Stuttgart, la capitale du "Land". Fribourg (Freiburg) et Heidelberg, villes universitaires, doivent une partie de leur renommée à une telle douceur de vivre.

Heidelberg jouit en outre d'une réputation particulière: elle est un des principaux centres d'intérêt du tourisme national et international. Mais on peut passer ailleurs aussi de bonnes vacances, comme si certains endroits avaient été créés à cet effet. Le Lac de Constance, la Forêt Noire et son point culminant le Feldberg (1.493 m), l'Allgäu en apportent les meilleures preuves.

Bien que notoirement connu comme, "constructeur de maisons" (Häuslebauer), le peuple souabe n'a jamais fait construire les châteaux, ni les églises qui jalonnent la région. Les souverains, princes ou écclésiastiques, ont toujours placé soigneusement le revenu des collectes et des impôts. Ce n'est qu'au cours du siècle dernier que le pouvoir se centralisa, autour du grand-duché de Bade d'une part, et du royaume de Wurtemberg d'autre part. En 1871, ils deviennent états confédérés de l'empire allemand. En 1952, ils se rassemblent pour devenir le "Musterländle" (pays exemplaire).

N'y a-t-il donc rien de négatif à dire du Bade Wurtemberg? Si, il faudrait, paraît-il, parler de l'excessive parcimonie des Souabes. Là, nous protestons vivement - sous réserve: les Souabes n'aiment pas partager leu bon vin. Ils le boivent eux-mêmes.

Baden-Württemberg

Baden-Württemberg

Bade-Wurtemberg

Burg Hohenzollern.

The Hohenzoller castle.

Le château Hohenzollern.

Beim Blick auf die Landeshauptstadt Stuttgart fällt vor al-
em der Schloßplatz mit dem dreiflügeligen Neuen
Schloß aus der 2. Hälfte des 18. Jahrhunderts und der
30 m hohen Jubiläumssäule ins Auge; sie wurde 1841 von
König Wilhelm I. errichtet. Das Alte Schloß, das heute
das Württembergische Landesmuseum beherbergt, ist
eine Renaissanceanlage, die auf eine mittelalterliche
Wasserburg zurückgeht.

When looking across the city of Stuttgart one of the most
noticeable buildings of all, situated in the Schloßplatz, is
the Neue Schloß with its three wings built during the second half of the 18th century together with the 30 m high
Jubilee column which was erected in 1841 by King
Wilhelm I. The Alte Schloß, which now houses the
Württemberg Museum, is a Renaissance building sited
on a medieval castle and moat.

A Stuttgart, capitale du Bade-Wurtemberg, ce qui saute
aux yeux, c'est la place du château et, datant de la seconde partie du XVIIIe siècle, le nouveau château et ses trois
ailes, ainsi que la "Jubiläumssäule", colonne de 30 m de
hauteur, édifiée en 1841 par le roi Guillaume 1er. Le vieux
château qui abrite aujourd'hui le Musée régional du
Wurtemberg est un bâtiment Renaissance reposant sur
les fondements d'un fort médiéval.

Eine der schönsten barocken Gartenanlagen umgibt das prachtvolle Schloß Ludwigsburg (oben), an dem seit 1704 gebaut wurde; darunter das Schloß in Karlsruhe, das im 18. Jahrhundert entstand.

The magnificent palace of Ludwigsburg is situated in one of the most beautiful baroque gardens (above). The building of the palace was started in 1704; (below) the palace in Karlsruhe which was built in the 18th century.

Le superbe château de Ludwigsbourg, construit à partir de 1704, est placé au cœur d'un des plus beaux parcs baroques d'Allemagne; en-dessous, le château de Karlsruhe, bâti au XVIIIe siècle.

Der Rhein zwischen Mannheim und Ludwigshafen; beide Großstädte sind noch relativ jung, als Gründungsdatum Mannheims gilt das Jahr 1607. Das in Planquadrate eingeteilte Stadtzentrum entstand um 1700.

The Rhine between Mannheim and Ludwigshafen; both cities are relatively young. The date given to the founding of Mannheim is 1607. The city centre is based on a grid plan which was conceived in 1700.

Le Rhin entre Mannheim et Ludwigshafen; ces deux grandes villes sont relativement récentes, Mannheim ayant été fondée en 1607. Son centre, construit en forme de damier, remonte à environ 1700.

Heidelberg – hier ein Blick auf das Schloß, die Stadt und die Brücke über den Neckar – ist eine der reizvollsten und attraktivsten deutschen Städte. Die weltberühmte Universität wurde im Jahr 1386 gegründet. Die gesamte Altstadt ist ein einziges Kulturdenkmal.

Heidelberg – a view of the palace, the city and the bridge across the river Neckar – is one of the most interesting and attractive cities in Germany. The world famous university was founded in 1386. The whole of the old centre is a cultural memorial.

Heidelberg – vue sur le château, la ville et le pont du Neckar – compte parmi les plus attrayantes et séduisantes villes d'Allemagne. Célèbre dans le monde entier, son université fut fondée en 1386. L'ensemble de la vieille ville constitue un monument historique unique.

Die alemannische Fasnet mit Masken und Mummenschanz geht auf uraltes Brauchtum zurück. Die Bilder auf Seite 112 links zeigen Masken aus Neustadt und Wolfach, das große Foto eine Rottweiler Maske. Seite 113 links der Schuddig-Umzug in Elzach, rechts von oben nach unten Narren und Hexen in Villingen, Gengenbach und Wolfach.

The "alemannische Fasnet" with masquerades originates from an ancient custom. The photographs on page 112 left, show masks from Neustadt and Wolfach; the large photograph, a mask from Rottweil. Page 113 left, the Schuddig procession in Elzach, right, from top to bottom, are the so called fools and witches in Villingen, Gengenbach and Wolfach.

Le carnaval alémanique, ses masques et ses déguisements reposent sur une tradition ancestrale. Les photographies de la page 112, à gauche, représentant quelques masques de Neustadt et Wolfach, la grande photographie, un masque de Rottweil. Page 113, à gauche, le défilé d'Elzach, à droite, de haut en bas, les fous et les sorcières de Villingen, Gengenbach et Wolfach.

Mit dem Bau des Ulmer Münsters, der größten gotischen Pfarrkirche in Deutschland, wurde 1377 begonnen. Der Münsterturm ist 161 m hoch.

The building of Ulm cathedral, Germany's largest parish church, was begun in 1377 and was not completed until the 19th century. The steeple is 161 m high.

La construction du plus grand bâtiment gothique d'Allemagne, la cathédrale d'Ulm, fut commencée en 1377. Sa flèche mesure 161 m de hauteur.

Am Marktplatz in Tübingen dominiert das Rathaus, das um 1450 gebaut wurde und im 16. Jahrhundert seine großartige Fassade erhielt.

The city hall of Tübingen which was built about 1450 dominates the market square. The fascinating façade was added in the 16th century.

L'hôtel de ville domine sur la place du marché de Tübingen; il fut construit vers 1450; sa belle façade date d'une restauration du XVIe siècle.

Die Schwäbische Alb ist in weiten Teilen noch immer eine Idylle, in der Schafhirten mit ihren Herden genügend Platz und Weideflächen finden. Die abwechslungsreiche Landschaft ist ein bevorzugtes Wandergebiet geworden. Herbergen und Naturfreundehäuser sorgen dafür, daß der Wanderer überall verweilen kann.

The Schwäbische Alb is still mainly idyllic for shepherds with their flocks able to find sufficient pasture. The scenery varies considerably, and is a favourite area for hiking especially for those who want to get away from it all. There are enough inns and lodges for the hiker to find accommodation.

Le Jura souabe est encore en grande partie idyllique, avec ses bergers et leurs troupeaux, ses vastes étendues, ses prairies. Ses paysages variés font la joie des randonneurs. Auberges et maisons d'accueil des amis de la nature garantissent à chaque marcheur, où qu'il se trouve, un refuge pour la nuit.

Gutach besitzt eines der schönsten deutschen Freilichtmuseen mit bäuerlichen Kulturdenkmälern; hier ist auch der älteste erhaltene Schwarzwaldhof, der Vogtsbauernhof von 1570, zu sehen.

Gutach has one of the loveliest open-air museums which is a rural memorial; it is particularly recommended that one visit the oldest remaining Black Forest farm, the Vogtsbauernhof which was built in 1570.

Gutach possède l'un des plus beaux musées en plein air de l'habitat rural traditionnel d'Allemagne. On y découvre en particulier la plus ancienne ferme de la Forêt Noire, la "Vogtsbauernhof", construite en 1570.

Eine der großartigsten gotischen Kathedralen auf deutschem Boden beherrscht die Hauptstadt des Breisgaus: das Freiburger Münster mit seinen berühmten Skulpturen und Glasfenstern sowie dem 116 m hohen Turm.

One of Germany's finest Gothic cathedrals is in the Breisgau area: the Freiburg cathedral with its famous sculptures and glass-windows as well as its 116 m high steeple.

C'est l'une des plus imposantes cathédrales d'Allemagne qui règne sur la capitale du Brisgau: la cathédrale de Fribourg, ses célèbres sculptures, ses vitraux et sa flèche de 116 m de hauteur.

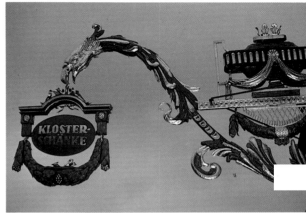

Im Schwarzwald weiß man gut zu essen und zu trinken. Links Stilleben mit deftigen Spezialitäten, rechts Wirtshausschild in Bad Herrenalb, Trinkerrunde im Markgräflerland und Bollenhutmacherin.

In the Black Forest region, people know how to eat and drink well. Left, a still-life with delicious specialities; right, a pub's coat-of-arms in Bad Herrenalb, a drinking round in Markgräflerland and a "bollen" hat maker.

En Forêt Noire, on sait fort bien manger et boire. A gauche, une nature morte représentant quelques spécialités relevées, à droite, une enseigne d'auberge, un cercle de dégustateurs et une chapelière.

Markenzeichen des Markgräfler Landes, der Weinland-
schaft im südlichen Schwarzwald, sind die Reben. Hier
ein Blick über Weinstöcke und blühenden Raps auf den
idyllischen Weinort Ballrechten.

The trademark of the Markgrafler area is the vineyards of
the southern Black Forest. Here a view of the vines and
the blossoming rape-fields in the idyllic village of Ballrechten.

La vigne est le symbole de la région du Markgräflerland
dans le sud de la Forêt Noire. Vue sur la pittoresque ville
de Ballrechten, entourée de pieds de vigne et de colza
en fleur.

Vo die Bundesländer Baden-Württemberg und Bayern ch treffen, da liegt Lindau, die Perle des kleinen bayeri- chen Bodenseeufers. Das Luftbild zeigt die Inselstadt it Promenade und malerischen Altstadtgassen.

Lindau, the pearl on the shore of Lake Constance, is situated where Baden-Württemberg and Bavaria meet. The aerial view shows the town on an island with a promenade and the picturesque lanes of the old inner city.

A la limite des provinces de Bade Wurtemberg et de Bavière se trouve Lindau, joyau bavarois posé au bord du Lac de Constance. Vue aérienne sur l'île, sa promenade et ses pittoresques ruelles.

Weiß-Blau sind ihre Farben und ihr Heimatbewußtsein ist stark. Die Bayern leben in einem „Freistaat" und hinter eigenen Grenzpfählen. Doch was auf den ersten Blick wie eine Einheit wirkt, ist ganz so geschlossen nicht. Neben den Ober- und Niederbayern gibt es die Franken, die ihre Metropole in Nürnberg sehen, die Schwaben, deren Regierungssitz Augsburg ist, die Oberpfälzer, die sich nach Regensburg orientieren und die Mainfranken, die Würzburg als ihr Zentrum haben.

Wo Bayerns Stämme auch immer leben, sie können sich eines gesegneten Landes erfreuen. Im Süden beherrschen die Alpen rings um die 2962 Meter hohe Zugspitze die Szenerie. Im Bayerischen Wald sind weite Reviere Nationalpark und unter Schutz gestellt. Die „Romantische Straße", die Frankens mittelalterliche Kleinodien verbindet, erschließt ein altes Kulturland.

Wenn auch Natur und bäuerliche Anbaukultur das Bild des Freistaats prägen, so besitzt er doch ein mächtiges Industriepotential. Neben den Großstädten sind es Orte wie Ingolstadt oder Erlangen, die das wirtschaftliche Rückgrat des Landes bilden. Schwerpunkt ist jedoch die Landeshauptstadt München.

Die Millionenstadt steht aber auch für Kultur und bayerische Lebensart. Erstere spiegelt sich in einem überreichen Angebot an Theatern, Konzertsälen, Museen, Galerien und Verlagen, nicht zu vergessen die Museen von der Pinakothek bis zum Deutschen Museum. Das bayerische Lebensgefühl läßt sich für den Gast am ehesten bei Speis und Trank erahnen, bei der deftigen Kost, dem vormittäglichen Weißwurstritual oder beim Biertrinken, sei es beim Starkbieranstich oder beim Oktoberfest. Obschon in Nordbayern ein vorzüglicher Wein gekeltert wird, hat das Bier für Bayern Symbolcharakter.

Klöster und Fürstenhäuser schätzen allzeit die Einnahmen aus ihren Brauereien, konnte doch das höfische Leben im einstigen Königreich Bayern recht teuer sein – zu teuer für Ludwig II., den Bauherrn von Linderhof, Herrenchiemsee und Neuschwanstein. Verschwendung wurde dem Monarchen vorgeworfen, doch heute besuchen jährlich mehr als eine Million Menschen Neuschwanstein. Kein Wunder, daß der „Kinni" noch heute verehrt wird.

The colour of their flag is white and blue, and their regional pride is just as marked. The Bavarians live in what is called a "Free State" which gives them their own kind of border. However, what may appear to be united at first sight can prove to be somewhat deceptive. Besides Upper and Lower Bavarians, there are the Franconians whose main city is regarded as Nuremberg, the Swabians whose administrative centre is Augsburg, the people of the Oberpfalz centred around Regensburg and the Franconians of the Main river area whose main city is Würzburg.

Wherever one lives, the Bavarian can feel self assured about this state in which he lives. The landscape of the south is dominated by the majestic Alps rising to a height of 2,962 meters at the "Zugspitze" peak on the German side. The Bavarian Forest on the other hand is designated as a National Park. The "Romantic Road" connects the picturesque towns which take one back to the Middle Ages in Franconia.

Although at first sight it may seem that Bavaria is a state which is dominated by agriculture, it should not be forgotten that there are industrial centres of considerable size, such as Ingolstadt or Erlangen which constitute a major part of Bavaria's economic backbone. However, Munich is by far the most important city.

This city which has well over a million inhabitants is not only a cultural centre but also a show-case of the Bavarian way of life. The cultural life is reflected by the number of museums, galleries, theatres, concert halls and book publishing companies. The relaxed Bavarian way of life is most closely related to food and drink, for instance either the mid-morning ritual break with "Weißwurst" (a special white sausage) and beer, or a glass of strong beer, not to mention the "Oktoberfest". Although an excellent wine is produced in Lower Bavaria, beer has established itself as a symbol for Bavaria as a whole. The breweries which were part of the monasteries were a good source of income to pay for the court life in the Royal State of Bavaria. It was certainly expensive for King Ludwig II who built Linderhof, Herrenchiemsee and Neuschwanstein. The monarch was accused of wasting money, but the castle of Neuschwanstein attracts more than a million visitors every year.

Leurs couleurs sont le bleu et le blanc, leur attachement à leur patrie est profond. Les Bavarois vivent dans un "État libre" (Freistaat) dont de propres poteaux délimitent symboliquement les frontières. Mais si l'on croit voir là l'expression d'unité, on risque de se tromper: l'harmonie n'est pas vraiment parfaite.

Car, à côté de la Haute et la Basse Bavière, il y a la Franconie qui ne voit sa métropole qu'en Nuremberg (Nürnberg), puis la Souabe dont le siège administratif est Augsbourg (Augsburg), le Haut Palatinat (Oberpfalz) qui se tourne vers Ratisbonne (Regensburg), et enfin la Franconie du Main (Mainfranken) dont le centre est Wurtzbourg (Würzburg).

Où qu'ils vivent, les "clans" bavarois peuvent être fiers de leur pays, que la nature a comblé. Le sud est dominé par les Alpes et son point culminant, la Zugspitze (2.962 m). De nombreuses parties de la forêt bavaroise sont déclarées parc national et placées sous protection. La Route Romantique (Romantische Straße), qui relie les cités médiévales franconiennes, véritables bijoux, traverse un pays de culture ancienne.

Même si la nature et les traditions agricoles marquent son visage, la Bavière possède une puissante capacité industrielle. A côté des grandes villes, Ingolstadt, ou bien encore Erlangen sont la base, le soutien économique de ce Land. Mais son centre incontesté, c'est bien sûr Munich, capitale politique et administrative de la Bavière.

Ville de plus d'un million d'habitants, Munich est également synonyme de culture et d'art de vivre à la bavaroise. La culture se reflète dans la richesse des programmes de théâtres, salles de concert, musées, galeries de peinture et maisons d'édition. L'art de vivre, on fait au mieux sa connaissance à table, en dégustant la riche cuisine bavaroise, ou en découvrant le rite des fameuses saucisses de veau bouillies (Weißwürste), que l'on ne mange que le matin. Mais l'art de vivre, c'est aussi la bière, au printemps, où on la boit forte, ou bien en Octobre, pendant la célèbre fête de la bière. Bien que le nord de la Bavière produise un excellent vin, la bière demeure le trait caractéristique du Land.

Ce sont surtout les monastères et les maisons princières qui tirent leurs ressources du revenu des brasseries peut-être la vie à la cour de l'ancien royaume de Bavière était-elle trop coûteuse... Trop coûteuse aussi pour Louis II, constructeur de Linderhof, Herrenchiemsee et Neuschwanstein. A l'époque, on lui reprochait d'être dépensier; aujourd'hui, plus d'un million de personnes viennent visiter Neuschwanstein chaque année.

Bayern

Bavaria

Bavière

chloß Neuschwanstein.

The Neuschwanstein castle.

Le château de Neuschwanstein.

München, 1158 von Heinrich dem Löwen begründet und seit 1255 bayerische Residenz, ist neben Schlössern und Burgen, Hochgebirge und Seen der Hauptanziehungspunkt Bayerns für Besucher aus aller Welt. Sie bewundern Prachtstraßen und kleine Gassen, Frauenkirche und Alten Peter, Hofgarten und Olympiastadion.

Munich was founded by Heinrich dem Löwen in 1158 and after 1255 was the Bavarian Residence. Besides the Bavarian palaces and castles, mountains and lakes, the city is still the main attraction for people from all over the world. There are the lovely streets, the Frauenkirche, Alter Peter, Hofgarten and the Olympic Stadium.

Munich, fondée en 1158 par Henri le Lion, résidence ducale bavaroise à partir de 1255, est le principal point d'attraction des touristes venus du monde entier. Ils y découvrent et admirent les belles avenues, les ruelles, l'église Notre-Dame, l'église Saint-Pierre, le jardin de la Résidence et le stade olympique.

Jeden Morgen um 11 sind die Köpfe der Touristen auf dem Münchner Marienplatz nach oben gewandt in Erwartung des Glockenspiels am Rathausturm. Der mächtige Bau des Rathauses wurde 1867-1908 errichtet.

Every morning in Munich's Marienplatz at 11 o'clock, the heads of the tourists look up in the same direction waiting to see the Glockenspiel in the tower of the impressive city hall which was built between 1867-1908.

Tous les matins, à 11 heures, sur la Marienplatz de Munich, les touristes lèvent leur tête vers le clocher de l'hôtel de ville dans l'attente du carillon. Ce bâtiment imposant fut construit entre 1867 et 1908.

Karl Valentin, der tiefsinnige Komiker mit dem hintergründigen Witz, ist auf seinen Brunnen am Münchner Viktualienmarkt in allerbester Gesellschaft. Außer ihm ist hie auch dem Weiß Ferdl und der Lisl Karlstadt ein Denkmal gesetzt.

Karl Valentin, the pensive comedian with an ironic sense of humour keeps the bes company on his fountain in Munich's Viktualienmarkt. Besides him there are th memorials to the local cabaret artists Weiß Ferdl and Lisl Karlstadt.

A la fois comique et mélancolique, spécialiste des plaisanteries fines, Karl Valentin es en excellente compagnie sur cette fontaine du Viktualienmarkt munichois. Weiß Ferd et Lisl Karlstadt y sont également immortalisés.

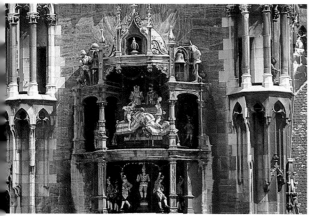
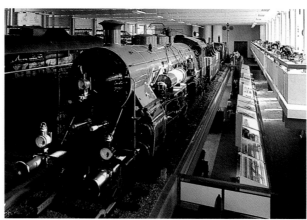

Münchner Impressionen. Obere Reihe: das königliche Schloß in Nymphenburg; der chinesische Turm im Englischen Garten; das Maximilianeum, Sitz des bayerischen Landtags; mittlere Reihe: das Deutsche Museum, größtes technisches Museum der Welt; ein Blick über das Angebot auf dem Viktualienmarkt; untere Reihe: Die Neue Pinakothek, 1975-81 für die Kunst des 19. Jahrhunderts errichtet; die Mariensäule auf dem Marienplatz; das berühmt gewordene Zeltdach über dem Olympiagelände.

Impressions of Munich. Upper row: the Nymphenburg Royal Palace; the Chinese Tower in the English Garden; the Maximilianeum which is the residence of the Bavarian Parliament; middle row: the Deutsches Museum, the largest technical museum in the world; a view of the things for sale at the Viktualien-Markt; lower row: the Neue Pinakothek built between 1975-81 which houses the art of the 19th century; the Mariensäule in Marienplatz; the famous tent-like rook over the Olympic park.

Impressions munichoises. En haut: le château de Nymphenburg; la Tour chinoise au Jardin anglais; le Maximilianeum, siège du Parlement bavarois; au milieu: le Musée allemand, le plus grand musée technique du monde; coup d'oeil sur les étals du Viktualienmarkt; en bas: la nouvelle Pinacothèque, bâtie entre 1975 et 1981 et consacrée à l'art du XIXe siècle; la Colonne de la Vierge sur la Marienplatz; le célèbre toît en forme de tente du centre olympique.

loster Seeon, eine frühmittelalterliche Gründung, liegt m Seeoner See; die Kirche mit den beiden Turmkupeln zählt zu den schönsten Bauten im Chiemgau.

The Seeon Monastery, founded in the early Middle Ages is situated on the Seeon lake; the church with two cupolated towers is one of the finest buildings in Chiemgau.

Le monastère de Seeon, fondé au début du Moyen-Age, est situé au bord du lac de Seeon; son église compte parmi les plus jolies de la région de Chiemgau.

Über die Würzburger Mainbrücke aus dem 15. Jahrhundert mit den barocken Heiligenfiguren führt der Weg in die unterfränkische Metropole.

The Mainbrücke with baroque figures of saints built in the 15th century leads directly to the lower Frankonian city of Würzburg.

C'est par le vieux pont (XVe siècle) décoré de statues de saints en style baroque que l'on pénètre à Wurtzbourg, métropole de la Basse-Franconie.

Blick auf die Altstadt von Nürnberg, das schon 1219 reichsunmittelbar wurde und se der „Goldenen Bulle" von 1356 als „Mitte des Deutschen Reiches" galt.

View of the old city of Nuremberg which became self governing in 1219, and after th "Goldenen Bulle" of 1356 was regarded as the "Centre of the Holy German Reich".

Vue sur la vieille ville de Nuremberg, déclarée ville libre d'Empire en 1219 et considéré comme centre du Saint Empire romain germanique.

Bamberg, im Hügelland des Steigerwaldes gelegen, teilt sich in eine bürgerliche Stadt mit schönem altem Rathaus und die geistliche Stadt mit dem berühmten Dom.
Bamberg, situated in the hilly landscape of the Steigerwald is divided on one side into a town with a lovely old town hall and on the other side with a famous cathedral.
Bamberg est divisée en deux parties: la ville bourgeoise et son vieil et bel hôtel de ville, la ville écclésiastique et sa célèbre cathédrale.

Rothenburg hat sich sein mittelalterliches Stadtbild fast vollkommen bewahrt. Das Rathaus gehört zu den besten Beispielen der Renaissancebaukunst.
Rothenburg has almost completely preserved its historical image from the Middle Ages. The town hall is one of the best examples of Renaissance architecture.
Rothenbourg a presque entièrement conservé sa physionomie médiévale. Son hôtel de ville est entre autres un très bel exemple de style Renaissance.

Die Fränkische Schweiz, der Nordteil der Fränkischen Alb mit Höhen um 600 m, entfaltet ihren Zauber auch in der kalten Jahreszeit. Hier bietet sich die Winterlandschaft im Wiesenttal den Blicken des Betrachters. Der Naturpark „Fränkische Schweiz/Veldensteiner Forst" gehört zu den bevorzugten Wandergebieten.

The northern part of the Franconian Alb, known as the "Fränkische Schweiz" with an average altitude of 600 m, also displays its magical charm during the winter. Here a view of the wintery scenery in the Wiesent valley. The nature reserve "Fränkische Schweiz"/Veldensteiner Forst is one of the favourite areas for hikers.

La Suisse franconienne (600 m de hauteur en moyenne), partie nord du Jura franconien, révèle ses charmes même pendant la saison froide: vue sur le paysage hivernal de la vallée de la Wiesent. Le parc national de la Suisse franconienne et la forêt de Veldenstein comptent parmi les préférés des randonneurs.

Der Nationalpark Bayerischer Wald, der 1970 begründet wurde, bietet auch selten ge-
wordenen Tieren wie dem Luchs eine sichere Heimstatt.
The National Park of the Bavarian forest, established in 1970 offers an increasingly sel-
dom home which is safe for animals such as the lynx.
Le parc national de la Forêt bavaroise, reconnu en 1970, est le refuge sûr de certains
animaux devenus rares, tels le lynx.

Am malerisch gelegenen Rachelsee, mitten im Nationalpark Bayerischer Wald, gibt es
einen Urwald- und Eiszeit-Lehrpfad.
Surrounding the Rachel lake, situated in the National Park of the Bavarian forest, there
is a footpath on which one can learn a lot the primeval forest and the ice-age.
Au bord du charmant lac de Rachel, au coeur du parc national de la forêt vierge et la
période de glaciation.

Brauchtum in Bayern: Beim Armdrücken in Ruhpolding (S. 134) messen die starken „Mannsbilder" ihre Kräfte; links eine Trachtlerin beim Oktoberfestzug; rechts Ringstechen bei der berühmten Landshuter Hochzeit.

Customs in Bavaria: a test of strength to see who is "a real man"; left, a woman in Tracht in the Oktoberfest procession; right, a tournament at the famous Landshuter Hochzeit.

Coutumes bavaroises: les hommes de Ruhpolding font un "bras de Fer" (p. 134); à gauche, une dame costumée lors de l'"Oktoberfest". A droite, le jeu de l'anneau lors du "Landshuter Hochzeit".

Ein Juwel des bayerischen Rokokos und einer der festlichsten Kirchenräume überhaupt ist die Wieskirche in der Nähe von Steingaden.

The Wieskirche near Steingaden is a gem of the Bavarian rococo with its splendid decoration.

L'église de Wies, près de Steingaden, joyau de style rococo, est l'une des plus belles églises de Bavière.

Das vom unglücklichen Bayernkönig Ludwig II. um 1880 erbaute Schloß Herrenchiemsee zieht unzählige Besucher aus aller Welt an.

The Herrenchiemsee palace, which the unhappy Bavarian King Ludwig II. built in 1880 attracts thousands of visitors from all over the world.

Le château de Herrenchiemsee, construit en 1880 par le malheureux roi de Bavière Louis II, attire d'innombrables visiteurs du monde entier.

In Mittenwald wird das schönste Ortsbild geprägt durch die liebevoll mit „Lüftlmalerei" verzierten Häuser.

Scenes painted on the walls of old houses create a special atmosphere for the town of Mittenwald.

La charmante ville de Mittenwald se caractérise par ses maisons aux façades joliment peintes.

Überall in Mittenwald hängt der Himmel voller Geigen; es gibt eine traditionsreiche Geigenbauschule und ein Geigenbaumuseum.

It seems as if there are violins hanging all over Mittenwald; this is due to the violinmaker's school with its long tradition, and the Violin Museum.

Le ciel de Mittenwald est rempli de violons; la ville possède une école de violon et un musée de la lutherie.

Wo Deutschland im Süden zu Ende ist, da erhebt sich mit der Zugspitze der höchste deutsche Berg. Der Gipfel, den man mit der Zahnradbahn von 1930 oder mit moderⁿen Seilbahnen erreichen kann, ist 2962 m hoch.

The southern limit of Germany is marked by the Zugspitze, the highest mountain in Germany. The peak is 2962 m high and can be reached either by the cogwheel railway built in 1930 or the modern cable railway.

A l'extrême sud de l'Allemagne s'élève le point culminant du pays, la Zugspitze. Son sommet, que l'on peut atteindre soit par le funiculaire datant de 1930, soit par les téléphériques modernes, se trouve à 2962 m d'altitude.

© RV Reise- und Verkehrsverlag
Berlin · Gütersloh · München · Stuttgart

Fotografie: Rainer Kiedrowski
Zusätzliches Bildmaterial: Lieselotte Bergmann, HB Verlag-Sperber,
IFA-Lecom, Ulrich Teschner, Jürgen Wiese
Luftbilder: Freigabe-Nrn. Reg. Präsident Düsseldorf, 38V8, 38V10,
38P4, 38V7, 38P32, 38R78, 38S1, 38R135, Reg. OBB 643/524
Text: Klaus Viedebantt
Bildlegenden: Dr. Renate Zeltner
Übersetzung der Texte ins Englische: Michael Price
Übersetzung der Texte ins Französische: Catherine Marsaud
Gestaltung, Layout: Contur Verlag, Düsseldorf
Satz: RPS Angermund, Düsseldorf
Lithographie: RPS Angermund, Düsseldorf
Druck und Verarbeitung: Druckhaus Neue Stalling, Oldenburg

Printed in Germany

ISBN 3-575-11003-4